中学生
人生教育丛书

古诗词200二百首

大数据时代
语文思维的力量

黄琴丹 —— 主编

上海科学技术文献出版社
Shanghai Scientific and Technological Literature Press

图书在版编目（CIP）数据

古诗词二百首 / 黄琴丹主编．—上海：上海科学技术文献出版社，2018（2021.12重印）
（中学生人生教育丛书 / 黄玉峰主编）
ISBN 978-7-5439-7744-0

Ⅰ.①古… Ⅱ.①黄… Ⅲ.①古典诗歌—中国—中学—课外读物 Ⅳ.① G634.303

中国版本图书馆 CIP 数据核字 (2018) 第 195958 号

选题策划：张 树
责任编辑：王倍倍 杨怡君
封面设计：周 婧

古诗词二百首
GUSHICI ERBAI SHOU
黄琴丹 主编
出版发行：上海科学技术文献出版社
地 址：上海市长乐路 746 号
邮政编码：200040
经 销：全国新华书店
印 刷：常熟市华顺印刷有限公司
开 本：720×1000 1/16
印 张：15.25
字 数：215 000
版 次：2018 年 9 月第 1 版 2021 年 12 月第 2 次印刷
书 号：ISBN 978-7-5439-7744-0
定 价：38.00 元
http://www.sstlp.com

编　委　会

主　编：黄琴丹

副主编：施乃安

编　委：朱稼香　吴卫东　张　虹　杜雪莉　沈承章
陆　胜　陆卫国　陈　杰　陈琴荣　孟庆平
季红霞　姚安宝　唐圣勤　耿慧慧　袁　前
黄　滔　黄纯洁　黄春凤　龚耀昌
（按姓氏笔画排列）

再 版 序 言

古诗词是中国文学耀眼的星星，穿越千年时空而璀璨依旧。生动的意象、美妙的韵律、凝练的结构和作品中表达的普世情感，铸就了这朵人类艺术的奇葩，也奠定了它们千年来不可逾越的地位。

遍览当今的诗词类文化节目，央视的《中国诗词大会》第二季总决赛达到了11.63亿人次的收视率，《经典咏流传》创造了用流行歌曲重新演绎经典诗词的新形式；与此同时，《向上吧！诗词》《诗词中国》《唐诗风云会》《中华好诗词》《诗书中华》等一系列诗词类节目如雨后春笋，以现代人更喜闻乐见的方式，去引领观众学习诗词，深度挖掘诗词背后的内涵，广受青少年的追捧。这些文化热点现象的背后，无疑是我们更加理解和重视传统文化的意义与价值，也更有了一种文化自信。“士不可不弘毅，任重而道远”，我们青年学子理应担当起继承和弘扬中华优秀传统文化的重任，热爱祖国语言文字，传播中华传统文化。

以我之见，中学生学习古诗词，当处理好“应试”和“应需”的关系。就学习的角度而言，为了应对考试，写好文章，多背一点古诗词，是拿“分”的重要途径，当然，不能让背诵古诗词成为功利性和狭隘性的需求；从提升语文素养的角度来说，腹有诗书气自华，坚持诵读古诗词，浸润古诗词，不仅能积淀语文素养，提升文化品位，还能从亲近古诗词的过程中，获得蓬勃的生命力和强健的精神，这是我们精神丰厚和性灵成长的需要。着眼于“应试”，立足于“应需”，既不陷入应试教育的泥淖，又可以获得精神和生命的成长，实为明智之举。

18年前，语文组同仁着手调查我校（上海市崇明中学）学生古诗词课外阅读情况，梳理学生课外诵读古诗词的若干问题，并探索出用科学的方法指导学生进行延伸性、自主性、拓展性阅读的若干教学成果,《古诗词二百首》便是其中重要的成果。这200首古诗词,既关注了古代诗歌的发展史,各体兼备,又遴选了各个时期的精华作品,重点突出,而且量也很适切,符合高中生古诗词课外拓展学习的要求。18年来,语文组在古诗词教学方面取得了累累硕果:学生参加上海市中学生古诗文阅读大赛连续多年有一等奖得主,参加上海市中小学生古诗词创作大赛屡获一等奖,近年在《古诗词二百首》基础上又开发出适合我校师生的古文课程《古代散文联璧百篇》,语文教师也向市内外同行展示了多堂古诗词阅读公开课、示范课。这些,都足以证明《古诗词二百首》作为一门课程的实践意义和重要影响。

适逢此书重新修订再版,为语文组同仁致力于中华优秀传统文化的传承和课程的开发构建点赞,也期待语文组同仁在古诗文阅读教学之路上作出更多更深入的探索!

是为序。

李建生

2018年7月写于瀛庠园

《古诗词二百首》课程建构的实践与思考

——写于《古诗词二百首》再版之际

基于诗歌教学的传统背景和学校古诗词的教学现状，2000 年 7 月，我组织和主持编写了校本必修教材《古诗词二百首》。《古诗词二百首》课程建构旨在将古代经典诗词转化为当代学生文化素质构成的元素，从根本上促进中华优秀传统文化的传承和发扬，同时提升当代中学生的生活品质和精神追求。

一、课程建构的背景

中国古代诗词以其杰出的艺术成就，千百年来一直闪耀着夺目的光辉，许多名家名篇脍炙人口，千古传诵，至今仍给人以无尽的艺术享受。

早在上海二期课改刚开始的时候，我们就运用教育调查法对我校学生古诗词课外阅读的情况进行了调研。通过对大量调查数据的综合分析，我们了解了学生的阅读内容(读了什么)、阅读容量(读了多少)、阅读习惯(怎么读的)、阅读效果(读得怎么样)。学生课外诵读古诗词方面主要存在如下问题:一是诵读数量偏少。在高一年级的调查中发现:能背 50 首诗词的学生，一个班连一个也没有。高二、高三年级除课本上教授的 25 首诗词外，能再凭兴趣去阅读背诵课外古诗词的不到 5%。大多数学生学习古诗词的动机仅仅是为了应付考试，很少有对古诗词感兴趣的，即使是应付考试，默写成绩也是不容乐观，得分不到一半的同学比比皆是。二是诵读内容随意。不讲究诵读内容的选择，不讲究诵读内容的整体安排，不讲究诵读内容的质量。三是阅读效果不佳。不关注古诗词产生的历史情境，不关注古诗词特有的节奏美和意境美，不关注古诗词语言及其背后的生命现象与文化逻辑。

二、建构课程体系的探索

我校对《古诗词二百首》课程构建的探索已践行了十八年，且不断在教学实践中修订完善。

1. 基础型课程延伸体系的建构

一是按照同一体裁，由教材向《古诗词二百首》延伸。如学习完王维的《终南山》，我们就向学生推荐阅读《古诗词二百首》中作者的另一首五言律诗《山居秋暝》，这两首诗都是王维隐居终南山时所作的五律，都体现了王维诗歌“诗中有画，画中有诗”的特点，引导学生从格律美的角度赏析这两首诗。二是按照同一题材，由教材向《古诗词二百首》延伸。如执教司马迁的《鸿门宴》时，我们引入了多首歌咏项羽的诗：杜牧的《题乌江亭》、王安石的《乌江亭》、李清照的《咏项羽》等诗歌，让学生进行比较赏析。三是按照同一作家，由教材向《古诗词二百首》延伸。比如学习了李白的《登金陵凤凰台》，我们就向学生推荐诵读李白的《将进酒》《赠汪伦》《月下独酌》等诗歌，赏析李白借酒抒情的艺术特点，引导学生熟悉李白的借酒抒情——诗风雄奇豪放，将情融于景，融于酒，又将酒融于情。四是按照同一风格或手法，由教材向《古诗词二百首》延伸。古人在谈到诗词创作时曾说：“作诗不过情、景二端。”如学习李白借月抒情的诗歌后，让学生自学《古诗词二百首》中李清照的《一剪梅》。《白雨斋词话》中说，“易安佳句，如《一剪梅》起七字云：‘红藕香残玉簟秋’，精秀绝伦，真不食人间烟火者”，请学生说出它好在哪里。

2. 拓展型课程独立体系的建构

拓展型课程是上海二期课改中规定的，相对于基础型课程和研究型课程的一类课程。拓展型课程的设置，旨在激发学生的兴趣，拓宽学生的知识面，培养学生主动发展的基本能力。在我们语文组全体同仁的共同努力下，诗歌教学以校本教材《古诗词二百首》为依托，开发出语文基础拓展型课程与兴趣拓展型课程，并形成了独立课程体系。我校现已开设的拓展型课程有《王维与孟浩然山水诗的比较阅读》《中国古代名家名诗选讲》《诗词创作初探》等十多门。这些拓展型课程既不同于基础型课程，也不同于研究型课程。它有以下几个特点：

(1) 教师申报，学校安排。教师通过校园网自主申报开设已通过审核的语文拓展型课程，并将拓展型课程的内容介绍、教学目标、课时安排和授课方式等输入校园网的拓展课管理系统，供学生选择。

(2) 自主选择，教师指导。语文拓展型课程依据学生的兴趣爱好、个性特长和学习潜能由学生通过校园网自主选择，教师适当指导，但规定每生每轮必须至少参加一门的选修，以确保学生在高中阶段获得必要的学分。

(3) 纳入课表，保证实施。每周安排 2 节课用于学生自主选择的拓展型课程教学，满足学生发展需要。

(4) 多元评价，关注发展。在语文拓展型课程实施过程中，我们实行学分制管理，根据每门课的实际情况，分别给予 1—2 个学分。

3. 研究型课程独立体系的建构

我们通过设置研究课题，创设研究环境和条件，让学生在导师的指导下开展研究、发展特长。研究型课程，有因人而异的研究目标和教学要求。在我们语文组全体同仁的共同努力下，形成了“李白诗借酒抒情的艺术特点”“陆游诗的爱国情怀及其表现手法”“探讨孟浩然田园诗的主旨”“山水田园派——王维、孟浩然比较研究”“辛弃疾的农村词”“王昌龄边塞诗的主旨”“李煜幽囚汴京的作品赏析”等 50 多个古诗词研究课题。

研究型课程从课题的选择到成员的组合、研究过程的实施到论文的写作，都是同学们自己在“当家作主”。同学们或一两人一题，或五六人一组，共同确定一个研究性课题。研究性学习十分注重研究的过程。同学们认真研读古诗作品，反复查看资料，认真制定课题研究计划书，同学之间、师生之间不断研磨讨论，多次分析总结后形成观点，并撰写课题论文，最后选编成《小荷才露尖尖角——古诗词研究性课题论文选》。这些研究性学习活动，培养了同学们合作研究和独立分析的能力。

“研究性学习”是一种以科学家进行科学研究的方式独立获得知识的学习方法，这种学习方法充分体现了学生的主体性，增强了学生的科学素质。“研究性学习”激发了学生学习的主动性和创造性，有利于学生掌握全新的学习方法，促进学生个性的健康发展。

为了让学生对诵读古诗词产生兴趣，并且将诵读古诗词变成积极主动的“习得”行为，我们开展了多种兴趣活动，比如“我爱记诗词”竞赛活动。竞赛活动分填空笔试、抢答选择、抢答描述等环节。在比赛过程中，为了提高学生兴趣，我们还穿插安排了一些唱诗、配乐诵诗、看画猜诗、古诗接龙、师生齐诵等丰富多样的活动。让学生在古诗词中穿梭游历，遍览河山胜景；在古诗词中领略博大情怀，感受优美意境；在古诗词中领略人生百态，与古诗词相伴成长。

三、主要教学策略

认知建构主义强调学习是建构内部心理表征的过程。这种理论无疑对课堂教学策略的研究和设计产生了巨大的影响，为我们提供了在学校的主要教学形态——课堂集体教学之中如何强调学习者学习活动的主体，如何促使学习者完成对知识的主动建构，如何进行学习的相互作用等重要研究课题，为我们消化、吸收、批判、改进现有的课堂教学策略，进而为创造新的课堂教学策略奠定了坚实的理论基础。《古诗词二百首》课程在建构体系中以此为理论导向探索了以下三个层面的教学策略。

1. 有机联系的“三本”策略

自《古诗词二百首》诞生之日起，晨读课上师生齐诵诗词的动人场景成了校园一道亮丽的风景线。每次晨读，由一位同学讲读一首诗词，全班同学听讲齐诵，然后打分评比，成绩计入语文学期总评成绩。一方面，《古诗词二百首》是资料，与语文教材实现有机联系，例如在学习苏轼的《水调歌头》时，学生借助《古诗词二百首》中的作者介绍、题解及注释进行课前预读，并与苏轼的另一首豪放派词《江城子·密州出猎》进行比较阅读。另一方面,《古诗词二百首》是作业素材。为了不断提高学生的古诗词鉴赏能力,我们以《古诗词二百首》为作业素材,与教材的古诗词学习内容相配套,定期为学生出古诗词训练题。题型有“名句默写”“加点词解释”“文学文化常识填空”“赏析题”等,其中赏析题为训练重点与难点。

2. 发挥教师专长的自主教学策略

教师根据个人专长,自主选择教学内容,从《古诗词二百首》中自定专题,开展教学。如有的语文教师对宋词有研究,便从《古诗词二百首》中选择宋词四首进行专题教学,将教学目标设定在感受词人袒露的真性情以及鉴赏其细腻独到的艺术技巧上,将教学难点预设为让学生了解四首宋词所表达的“感伤”主题的源头和价值,并进而让学生初步了解词“缘情”的基本特点。

3. 激发学生学习兴趣的自主学习策略

传统的诗歌教学方法,往往是老师串讲、学生倾听。为调动学生学习的积极性与主动性,教师围绕专题让学生自主选择读哪些书,围绕一首诗歌让学生自主选择课题研究。如在教学王维的《终南山》时,布置了这样的预习题:终南山是王维隐居之地,有人说王维“将隐者角色扮演到了极致”,为什么这么说?请在课前查阅《古诗词二百首》中的相关资料,并以小组为单位制作成幻灯片。同学们制作了盛唐的隐者、王维的归隐、王维诗中的声色、王维与佛教等十类共二十多张幻灯片。课上,因准备充分,同学们热情高涨,进行了声情并茂的赏析。

四、课程建构的意义

校本教材的开发,推动了校本课程的建设,进而提升了教师的课程开发能力,推动了课堂教学的改革,也提升了学生的综合素养。具体而言,校本课程《古诗词二百首》的开发,具有四个方面的意义。

1. 提升了教师的校本开发能力

《古诗词二百首》这一校本教材的开发,转变了我校语文教师的课程观,培养了校本课程开发意识。课程开发只有坚持基础型课程、拓展型课程和研究型课程并举，才能满足学生智能多元化的需求。《古诗词二百首》的开发还帮助语文教师掌握了校本课程的开发方法，挖掘了语文教师的课程开发潜能，提升了语文教师的校本课程选择能力、教材编发能力、课程组织和教学能力，使语文教师从单一的语文课程执行者转变为语文课程的开发者与执行者，有利于语文教师实现知识结构和文化积淀的自我更新和自我重构。

2. 促进了学校语文课程的滚动开发

《古诗词二百首》课程于2000年开发，2003年9月由文汇出版社出版，成为我校校史上第一本正式出版的校本教材。在成功迈出第一步之后，我校语文校本教材建设走向了系列化的高位发展状态，带动了语文校本教材的滚动开发。十多年来陆续推出《时文英华》(百家出版社出版)、《哲学思辨与议论文写作20课》《古代散文联璧百篇》(上海科学技术文献出版社出版)等十余本校本教材。

3. 推动了语文的课堂教学改革

随着《古诗词二百首》课程的开发，语文的课堂教学也悄然发生变化。我们尝试以学案导学，引导学生探究性学习。采用“先学后教，以学定教”的教学策略，让学生通过《古诗词二百首》上的注释、题解、作者介绍，自主研读教材，主动探索、发现问题，然后将学生的体验、感悟、认识转化为课堂教学资源，努力探索古诗词课堂教学的新模式、新方法，教师“导而弗牵”，让语文课堂焕发生命的活力。向上海市内外语文老师展示了“巧抓意象，以一胜十”“鉴赏李清照《如梦令·昨夜雨疏风骤》的意境”“基于学生创新思维培养的古诗词教学方式”等十多节教学公开课，获得一致好评。

4. 提高了学生的语文素养

一是学生积累了大量经典诗歌。如今，我校每一届毕业生人人都能背古诗词二百余首，学生的文化积淀、人文素养得到了进一步提升，作为其生命形态的语言表达得到了进一步优化。从表面看来，学生似乎只是积累了一些语言材料，其实，这是语言模块的整体储存。它们既是古人的生活经验材料，也是古人的思想感情材料，当然又是鲜活的文学形象材料，这些材料储存于学生的大脑，组合到学生既有的认识结构和情感经验之中，就会成为终生的营养，也是学生的精神世界和语文素养的重要构成。

二是学生的品读兴趣日渐浓厚。我校学生不仅在晨读课，而且在读书节、艺术节、班会、创新论坛等活动中无不濡染古诗词赏读内容，我们还先后举办了国学达人竞赛、古诗词演唱会、朗诵、绘画、歌曲、小品、短句、电脑制作等活动，将古诗词演化成说拉演唱画等其他艺术形式。

三是学生的鉴赏潜能得到有效开发。我们从《古诗词二百首》出发，激发学生鉴赏诗歌的潜能，注重学生的鉴赏主体地位，培养学生的鉴赏能力。当学生的鉴赏行为由被动自觉向主动飞跃，真正实现学生的鉴赏主体地位时，博大精深、源远流长的古典诗词便能充分发挥其美育和德育的无与伦比的强大功能。古诗词鉴赏活动就能使学生潜移默化地受到民族精神的滋养，受到高尚情操与趣味的熏陶，就能在实现语文课程“育人”目标的同时，为学生构筑诗意的精神栖居家园。

四是学生语文成绩逐步提升。《古诗词二百首》等语文选择性必修教材的开发，顺应了新课标对学生语文能力培养的新要求。十多年来，崇明中学的学生不仅在上海市中学生古诗文阅读大赛屡获一等奖，而且在上海市中小学生古诗词创作大赛中屡获一等奖，2017 年 19 届的刘昊阳同学还荣获上海市中学生古诗文阅读大赛一等奖第一名的殊荣。不仅如此，我校学生的语文高考成绩也稳步上扬。

黄琴丹

2018 年 7 月写于怡丹阁

序　言

以我之见，学习语文很重要的是要把握住两条：积累和表达。积累是向前人经验的学习（当然也应多参加社会实践，在社会生活中积累知识）。对接受基础教育的学生而言，积累知识的主要渠道是多读点书。表达固然是语文学习的主要任务之一，但表达必须以积累为基础，很难想象，缺乏广博的知识积累会有多彩多姿的语言表达。所以毫无疑问，中学生应该把多读书、勤读书、善读书作为学习语文的必要途径。语文教学也应把为学生创造优越的读书环境和条件作为改革方向和内容。

可惜的是，前些时候，由于"应试教育"的误导，学生对读书产生了功利性和狭隘性的倾向，这严重地影响和妨碍了学生全面素质的提高。对此，我们早就心急如焚，渴望构建出新的具有时代气息的语文教学体系来扭转这种早已变态变质的"读书场"，把读书心和读书权重新还给学生。

令人欣喜的是，我校语文教研组的老师们，经过多年的教改实践，逐渐总结出了帮助学生拓展阅读的新经验，并集体合编了这本"崇明中学学生必读"的册子，作为我校语文教学的补充教材。这本册子虽不厚，而且某些地方尚需完善，但是在搜集和编写中每一行每一段都倾注了语文老师们呕心沥血的辛勤劳动，表达了老师们为提高学生语文素质和创新能力的拳拳之心。我相信，同学们学习这本教材时，一定会深深地体悟到老师们的良苦用心。

读好书，好读书，读书好。刘勰说："操千曲而后晓声，观千剑而后识器。"（《文心雕龙》）让我们在读书中不断燃烧智慧的火光，在积累中炼硬素质的合金。

在出版之际，凑上几句，算不得是“序”，但完全是我的心里话。不当之处，恭请批评赐教。

董耀棠

2003年9月

编者说明

在语文教改的探索过程中，我们越来越深刻地感受到，学生健全人格的培养与扎实的语文基础的形成单靠课堂和课本是难以完成的，必须实行开放性语文教育，让学生走进浩瀚的语文世界，积极主动地去探索它的美和奥秘，从而“习得”语言，提高语文能力，陶冶性情，养成高尚的审美情趣。

中国古代诗词以其杰出的艺术成就，千百年来一直闪烁着夺目的光辉，许多名篇名句脍炙人口，千古传诵，至今仍然使人得到无穷无尽的艺术享受。引领学生走进这块文学“宝地”，汲取营养，必能增厚文学底蕴，提高文学素养，陶冶情操，完善人格。为此，我们语文组同仁全员参与，分工合作，为崇明中学学生编写了本书，并将之作为我校拓展型课程建设的内容之一。

本书的编写以贯彻上海二期课改精神为宗旨，篇目的选定以教育部确定的“中学生古诗词背诵篇目”为蓝本，以内容积极健康、语言浅显易懂为标准，适当考虑作家面，但入选名家篇目的多寡，并不完全反映其在诗词史上的地位。本书精选古诗词二百首（其中古诗 150 首，词曲 50 首），大体上代表了中国古诗词的精华。在编排上，分诗歌和词曲两大部分，均以时间先后为序，以期同学们对古代诗词的发展有一个大概的了解。

为了帮助同学们阅读和欣赏原作，我们为每首诗提供简要的作者介绍、题解及注释，以期同学们在理解的基础上熟读成诵。

本书在编写过程中，受到学校领导的大力支持鼓励、县教研室老师的指导帮助，《崇中园》编辑部、电脑室、图书室、文印室等同事的热情支持，谨在此深表谢忱。

本书的作者介绍、题解和注释部分，吸收了前贤和今人的一些研究成果，谨在此说明。

限于我们的水平，加之教学任务繁重，时间仓促，编写时虽经再三斟酌，反复推敲，亦未能尽如人意。高一、高二、高三分阶段诵读篇目及基础篇目与兴趣篇目的确定，尚待实践验证和修正完善，我们诚恳地期待读者的批评指正。

黄琴丹

2003 年 9 月

目　录

诗　歌

先　秦

两汉魏晋南北朝

唐

宋

宋

元

明

清

附录

关雎[①]

《诗经》

关关雎鸠[②],在河之洲[③]。窈窕淑女[④],君子好逑[⑤]。

参差荇菜[⑥],左右流之[⑦]。窈窕淑女,寤寐求之[⑧]。求之不得,寤寐思服[⑨]。悠哉悠哉[⑩],辗转反侧[⑪]。

参差荇菜,左右采之。窈窕淑女,琴瑟友之[⑫]。参差荇菜,左右芼之[⑬]。窈窕淑女,钟鼓乐之[⑭]。

[《诗经》简介]

《诗经》是我国最早的诗歌总集,被列为儒家的"六艺"之一,相传曾经孔子编定,分为《风》《雅》《颂》三大类,收录了从周初至春秋中叶五百余年间的诗歌三百零五篇。它们从各个角度表现了周代社会生活,如建国经过、政治历史、劳动生产以及人民的生活哀乐等。《诗经》的句式以四言为主,分章押韵,并根据内容需要采取赋、比、兴的表现手法,对后代诗歌创作产生深远影响。

[题解]

这首诗列为《诗经》第一篇,几千年来为人们传诵不衰,是爱情诗篇中的经典之作。全诗描述了一位男子爱慕追求一位美丽善良姑娘的情景,歌颂了古代青年男女高尚的爱情。诗开头以对爱情专一的水鸟起兴,赞美真挚的爱情,接着写男子思慕追求采荇菜姑娘的情景。她秀美的形态身姿使那青年男子着迷、日夜思念。他“求之不得”时，便“辗转反侧”，极力写出了男子对姑娘忠贞专一的痴情。并设想美丽姑娘被他的痴情感动后，两人亲密相处的情景，渴望与她成亲共享爱情的欢乐。全诗语言朴实，格调清新，感情纯正，“乐而不淫，哀而不伤”，具有很高的思想价值和艺术价值。

[注释]

①本诗选自中华书局1987年版王先谦《诗三家义集疏》卷一。②关关：和鸣声；雎(jū)鸠：鸟名，即鱼鹰。③洲：水中沙洲。以上用雎鸠雌雄和鸣，借喻君子、淑女的和谐相处。④窈(yǎo)窕(tiǎo)：娴静；淑：美善。⑤好逑(qiú)：好配偶。⑥参(cēn)差(cī)：长短不齐状；荇(xìng)菜：可食用的水生植物。⑦左右：左手、右手；流：捋取；之：指荇菜。⑧寤：醒着；寐：睡着。⑨思服：想念。⑩悠哉悠哉：犹言想念啊、想念啊。⑪辗转反侧：翻来覆去，不能入眠。⑫琴瑟：弦乐器。琴有五弦或七弦，瑟有二十五弦。友之：亲近淑女。⑬芼(mào)：择取。⑭钟鼓：敲击乐器，喜庆时演奏；乐之：使淑女快乐。此隐喻婚礼。

君子于役①

《诗经》

君子于役②，不知其期③。曷至哉④？鸡栖于埘⑤，日之夕矣⑥，羊牛下来⑦。君子于役，如之何勿思⑧。

君子于役，不日不月⑨。曷其有佸⑩？鸡栖于桀⑪，日之夕矣，羊牛下括⑫。君子于役，苟无饥渴⑬。

[题解]

这是一首妻子怀念在外服役的丈夫的诗。《诗经》中思妇闺怨之诗频见，反映了当时战争连绵，征戍频发，社会动荡，人民生活不能安定的现实。此诗特色在于寓情于景，女主人公没有正面述说内心痛苦，却描绘了一幅落日衔山、暮色苍茫、鸡栖敛翅、牛羊归栏的乡村暮景图，令人从中体味思妇的寂寞与惆怅，引发无限的感慨。

[注释]

①本诗选自中华书局1987年版王先谦《诗三家义集疏》卷四。②君子：妇人对丈夫的称呼；于役：服役于外。③期：归期。④曷：何；至：到家。曷至哉，犹言什么时候回家。⑤栖：栖息；埘（shí）：凿墙砌成的鸡舍。⑥夕：日暮。⑦羊牛下来：言牛羊沿着山坡回村来。⑧如之何勿思：如何能不苦苦思念。⑨不日不月：无日无月，言等待的时间长久。⑩佸（huó）：相会。⑪桀：木桩。⑫括：来到。下括，指牛羊下山来聚拢。⑬苟：确实。苟无饥渴，但愿丈夫在外不受饥渴之苦。

蒹葭[①]

《诗经》

蒹葭苍苍[②]，白露为霜。所谓伊人[③]，在水一方。溯洄从之[④]，道阻且长。溯游从之[⑤]，宛在水中央[⑥]。

蒹葭萋萋[⑦]，白露未晞[⑧]。所谓伊人，在水之湄[⑨]。溯洄从之，道阻且跻[⑩]。溯游从之，宛在水中坻[⑪]。

蒹葭采采[⑫]，白露未已[⑬]。所谓伊人，在水之涘[⑭]。溯洄从之，道阻且右[⑮]。溯游从之，宛在水中沚[⑯]。

[题解]

这是一首出色的怀人之作，意象空灵，情景交融，具有极高的艺术性。诗人苦苦地追慕“伊人”，踏着深秋的朝露，在河畔的芦苇荡中寻觅。“伊人”是一位始终未露面的高人，似乎居住在四面环水的河心小岛上，诗人上下左右去接近他，却始终可望而不可即。“伊人”是恋人？是隐士？是贤者？至今无法明确，也不必去明确。但诗人深沉的企慕、难以亲近的惆怅，以及河畔凄迷的景色，却给人留下难以磨灭的印象。

[注释]

①本诗选自中华书局1987年版王先谦《诗三家义集疏》卷九。②蒹(jiān)：狄；葭(jiā)：芦苇。均生河畔。苍苍：茂盛状。③伊人：此人，即意中人。④溯洄：逆河而上；从之：接近他。⑤溯游：顺河而下。⑥宛：宛如。⑦萋萋：茂盛状。⑧晞：晒干。因为在早晨，所以露水尚未退去。⑨湄：水畔高岸。⑩跻(jī)：上升，此句言河畔道路险峻，地势升高。⑪坻(chí)：水中高地，如沙洲、小岛。⑫采采：茂盛貌。⑬未已：未全退去。以上两句意思是，露水虽未退尽，芦荻随着阳光的照耀，色泽已起了变化。⑭涘(sì)：水边。⑮右：迂回。⑯沚(zhǐ)：水中小洲，与“坻”同。

离骚[①]（节选）

屈原

帝高阳之苗裔兮[②]，朕皇考曰伯庸[③]。摄提贞于孟陬兮[④]，惟庚寅吾以降[⑤]。皇览揆余初度兮[⑥]，肇锡余以嘉名[⑦]：名余曰正则兮，字余曰灵均[⑧]。

纷吾既有此内美兮⑨，又重之以修能⑩。扈江离与辟芷兮⑪，纫秋兰以为佩⑫。汩余若将不及兮⑬，恐年岁之不吾与⑭。朝搴阰之木兰兮⑮，夕揽洲之宿莽⑯。日月忽其不淹兮⑰。春与秋其代序⑱。惟草木之零落兮⑲，恐美人之迟暮⑳。不抚壮而弃秽兮㉑，何不改乎此度㉒？乘骐骥以驰骋兮，来吾道夫先路㉓！

[作者介绍]

屈原（约前340—前278），先秦诗人。名平，字原，战国时楚人。他是与楚王同姓的贵族，曾任左徒、三闾大夫等官，一度受到楚怀王重用。后遭同僚上官大夫等人谗毁，被迫离开楚国的政治中心郢都。楚顷襄王时，屈原又遭令尹子兰之忌，被流放至江南。诗人目睹奸佞乱政，强敌临境，国事日非，悲愤忧郁，在汨罗江投水而死。屈原是中国最早的伟大诗人，“骚体”的创始者。所作《离骚》《九歌》《九章》《天问》等，反映了他炽热的爱国精神和高尚的人格。作品想象瑰丽、文采绚烂，运用了大量的神话传说和奇妙比喻，是古代积极浪漫主义诗歌的典范。屈原的作品，在西汉末年由刘向辑集为《楚辞》（包括宋玉等人的作品）。

[题解]

《离骚》是屈原最长最具有代表性的作品，是我国古代文学中仅见的长篇抒情诗。全诗以强烈的爱憎、丰富的形象、浓重的色彩，表现了屈原的进步理想、政治热情，对信念的执著追求和对黑暗势力毫不妥协的斗争精神。诗人反复申述自己的政治抱负，诉说自己在政治斗争中所受的迫害，以及对国家命运的忧虑。据《史记·屈原贾生列传》记载，《离骚》作于屈原遭谗被疏远期间，所谓“离骚”，即“遭遇忧患”的意思。作为长篇抒情诗，《离骚》突破了《诗经》“短章复叠”的形式，运用长句，参以灵活多变的句法，对抒情主题进行了层层深入的表达。浪漫的想象、瑰奇的语言、熟练的比兴手法，以及贯穿全篇的忠贞忧患意识，展示了诗人影响深远的人格精神和艺术个性，具有永久的感染力。

[注释]

①本诗选自人民文学出版社影印宋本《楚辞集注》卷一《离骚》篇。②高阳：古代部族首领颛顼，号高阳氏，相传楚国王族是颛顼的后裔；苗裔：后代子孙；兮：楚地歌辞中的语助词。③朕（zhèn）：我。皇考：对亡父的尊称；伯庸：屈原父名。一说，伯庸为屈原远祖。④摄提：古代太岁纪年中“摄提格”的简称，即寅年；贞：正，正当；孟陬（zōu）：正月。⑤惟：发语词；庚寅：屈原生于庚寅日；降：降生。以上两句言，屈原生于寅年正月的庚寅日。⑥皇：皇考；览：观察；揆：揣度；初度：初生时的情景。⑦肇：开始；锡：通“赐”；嘉名：美名。以上两句言，父亲根据我出生的时辰，赐给了我美好的名字。⑧名：取名；字：取字。此二句言屈原名正则，字灵均。⑨纷：盛多貌；内美：内在的美好品质。⑩重：加以；修能：优秀的才能。⑪扈（hù）：身披；江离：香草，又名川芎；辟：同“僻”；芷：香草，辟芷即生于幽僻处的芷草。⑫纫：连结；秋兰：秋季开花的兰草，香气浓郁；佩：佩带的饰物。⑬汩（gǔ）：水流快速状；不及：来不及。⑭不吾与：不等待我。以上两句言，时光若流水般飞逝，我总感到来不及，生恐岁月不等人。⑮搴（qiān）：摘取；阰（pí）：土坡；木兰：紫玉兰，树皮芳香。⑯揽：采摘；宿莽：经冬不衰的草。⑰忽：倏忽；淹：淹留，停留。⑱代：替代；序：次序。代序犹言交替。⑲惟：思；零落：飘零。⑳美人：德才兼备的人物，《离骚》中所说的“美人”，都是借喻；迟暮：年老。以上四句以天时运行，草木荣枯，喻年华易老，应及时修德立业，以免无所成就。㉑抚壮：趁着壮年时光；弃秽：放弃丑行。㉒此度：原有的行为与态度。以上两句是对楚王的劝诫。㉓来：招呼楚王之词；道：同“导”，引导；夫（fū）：语助词；先路：前面的道路。以上两句言，只要楚王乐意努力前进，自己愿作向导。

国殇[1]

屈原

操吴戈兮被犀甲[2],车错毂兮短兵接[3]。旌蔽日兮敌若云,矢交坠兮士争先[4]。凌余阵兮躐余行[5],左骖殪兮右刃伤[6]。霾两轮兮絷四马[7],援玉枹兮击鸣鼓[8]。天时怼兮威灵怒[9],严杀尽兮弃原野[10]。

出不入兮往不反[11],平原忽兮路超远[12]。带长剑兮挟秦弓[13],首身离兮心不惩[14]。诚既勇兮又以武,终刚强兮不可凌。身既死兮神以灵,子魂魄兮为鬼雄[15]!

［题解］

本篇是祭祀为国捐躯的将士的哀歌。诗人热烈歌颂了死难者的爱国精神和英雄气概,描述了古战场上激烈的战争场面:旌旗蔽日,战车奔突,兵戈交集,阵云惨淡。全诗风格刚健,气势庄严,悲壮之中洋溢着古人尚武好勇的牺牲精神。国殇,即指为国死难者。

［注释］

①本篇选自人民文学出版社影印宋本《楚辞集注》卷二。②操:持;吴戈:吴国所产锋利的铜戈;被:同“披”;犀甲:犀牛皮制成的铠甲。③错:交错;毂(gǔ):车轮中心插轴处;短兵:短兵器,指刀剑;接:交战。④旌:旌旗;敌若云:形容敌人数量众多;矢:箭;交坠:双方劲射,箭矢撞在一起落地;士:士兵。⑤凌:侵犯;阵:作战时排成的阵营;躐(liè):践踏;行(háng):行列。⑥左骖(cān):左边的马,古战车用四马牵拉,中间两马称“服”,两旁之马称“骖”;殪(yì):死;右刃伤:

右骖被兵刃刺伤。⑦霾(mái):通“埋”,指车轮陷入泥淖;絷(zhí):绊住。⑧援:拿;玉枹(fú):玉饰的鼓槌;击:捶击;鸣鼓:声音响亮的鼓。以上四句写战斗的激烈:对方战车冲入自己的阵营,战马被杀,战车不前,士兵浴血奋战,主将击鼓再三。⑨怼(duì):怨;天时:指天象;威灵:指鬼神。这句意思是天怨神怒。⑩严杀尽:严酷的厮杀夺去了全部战士的生命。以上两句,言天时不利,战斗失败,将士全部阵亡,尸横遍野。⑪出:出征;入:回家;往不返:没有活着返回。⑫平原:指战斗发生的原野;忽:飘忽渺茫;超远:遥远。以上两句哀悼英雄一去不复返,原野茫茫,不知魂归何处。⑬秦弓:秦地所产良弓。⑭心不惩:心中没有悔恨。⑮子:阵亡将士,即国殇;鬼雄:鬼中英雄。以上两句赞美亡灵:你们的身体虽然死了,精神却仍然显灵,你们的魂魄仍然是鬼中的雄杰。

大风歌①

刘 邦

大风起兮云飞扬②,威加海内兮归故乡③,安得猛士兮守四方!

[作者介绍]

刘邦(前256—前195),字季。沛县丰邑(今江苏丰县)人。初为泗上亭长。秦二世元年(前209)起兵,称沛公。子婴元年(前207)进入关中,被项羽封为汉王。后来击败项羽,统一天下,建立汉王朝,称为高祖。今有《大风歌》《鸿鹄歌》流传。

[题解]

高祖十二年(前195)十月,刘邦平定了淮南王黥布的叛乱,在西归长安途中，顺道回到故乡沛县。他邀集乡里故老子弟饮酒，并挑选了一百二十名青少年，教他们唱歌。刘邦亲自击筑，高唱《大风歌》，令青少年群相应和。接着起舞，慷慨伤怀，老泪纵横。这首歌既表现了刘邦对故乡的留恋，以及衣锦还乡时踌躇满志的心态，又流露出居安思危，担心没有“猛士”帮他守业的忧虑。刘邦歌《大风歌》的地方，后来筑了“歌风台”，成为后世文人吊古伤今的胜迹，传下了大量《歌风台诗》，由此可见刘邦此诗影响的深远。这首诗汉时称为《三侯之章》，《艺文类聚》收入此诗，才改称《大风歌》。

[注释]

①本诗选自《史记》卷八《高祖本纪》。②“大风”句：此句以风云变幻来比喻秦汉之际激烈复杂的政治、军事斗争。③海内：四海之内，就是“天下”的意思。我国古人认为天下是一片大陆，四周大海围绕，海外则荒远不可知。

垓下歌①

项　籍

力拔山兮气盖世②，时不利兮骓不逝③。骓不逝兮可奈何，虞兮虞兮奈若何④！

[作者介绍]

项籍（前232—前202），字羽，又字子羽。下相（今江苏宿迁县西）人。秦末起义群雄之一。灭秦后，自立为西楚霸王。汉王刘邦和他争天下，屡次被他击败。最后垓下（在今安徽灵璧县东南）一战，楚军瓦解，项籍败走乌江，自刎而死。

[题解]

公元前202年,项羽被刘邦的大军围困在垓下,夜里听到刘邦的军队在四面唱楚歌,惊异刘军中楚人之多,心疑自己的根据地楚国已为刘邦所占据,预感到灭亡在即。他在军营中喝着酒,悲壮慷慨地唱着自己创作的这首歌。这首歌表现了对人生的深沉悲慨和对爱的执着,作者把炽烈的感情浓缩在短小的形式之中,具有强烈的震撼人心的力量。

[注释]

①本诗选自《史记》卷七《项羽本纪》,诗名是后加的。日本流传的《史记》中多一句,全诗为:"力拔山兮气盖世,时不利兮威势废。威势废兮骓不逝,骓不逝兮可奈何,虞兮虞兮奈若何!"②气:指人的先天禀赋。古人认为人的品质、智慧、风度等全由"气"所决定。盖世:压倒一世,没有人比得过。③时:时机、天时;骓(zhuī):毛色青白相杂的马;逝:行。这句的意思是:虽然自己是举世无双的英雄,但是天时不利,经常骑着出战的骏马也不肯向前走了。④虞:女子名,项羽的侍姬;奈若何:把你怎么办呢?

上邪①

《乐府诗集》

上邪②!我欲与君相知③,长命无绝衰④。山无陵⑤,江水为竭,冬雷震震⑥,夏雨雪⑦,天地合,乃敢与君绝!

[《乐府诗集》简介]

宋代郭茂倩编,共收入汉代民歌四十多首,大多是东汉时期的作品。"乐府"

原是汉武帝时开始设立的一个官署，它的职责是采集民间歌谣或文人的诗来配乐曲，以备朝廷祭祀、朝会饮宴时候演奏之用。这些乐章、歌辞后来统称为“乐府诗”或“乐府”。乐府民歌反映下层人民群众的生活。它的出现，从内容到形式都给诗歌创作开创了新局面。它继承了《诗经》的现实主义传统，描写人民的苦难，揭露了封建社会的种种矛盾。在艺术上创造了五言诗的新形式。乐府民歌尽管经过封建文人的修改和增删，但它在我国文学史上仍然放射出不可磨灭的光彩。

［题解］

这是一首情诗。诗中的女主人公指天为誓，表示爱情直至地老天荒，永不变心。女子将世上五种不可能发生的事，作为与情人断绝的前提。她的爱情之真挚与强烈，赫然可见。

［注释］

①本诗选自中华书局 1983 年版逯钦立辑校《先秦汉魏晋南北朝诗》汉诗卷四。②上：指天。邪（yé）：语气助词，表示感叹。上邪：天啊！③相知：相亲相爱。④命：令、使。此句意为使爱情永不衰绝。⑤陵：山峰，这句意为高山夷为平地。⑥震震：雷声。⑦雨：动词，落的意思。

江南①

《乐府诗集》

江南可采莲，莲叶何田田②。鱼戏莲叶间，鱼戏莲叶东，鱼戏莲叶西，鱼戏莲叶南，鱼戏莲叶北。

[题解]

这首作品属汉乐府《相和歌辞》，为江南民间采莲的歌谣。《乐府解题》："《江南》古辞，盖美其芳晨丽景，嬉游得时也。"诗在描写莲叶盛茂的同时，又表达采莲者欢快、轻松的心情。相和歌，原为两人和唱或一人领唱而众人和唱的歌曲，此诗"鱼戏莲叶东"四句的白描，一说很有可能是当时众人和唱的歌辞。

[注释]

①本诗选自中华书局1983年版逯钦立辑校《先秦汉魏晋南北朝诗》汉诗卷九。②田田：茂密繁盛貌。

陌上桑①

《乐府诗集》

日出东南隅，照我秦氏楼②。秦氏有好女③，自名为罗敷④。罗敷喜蚕桑，采桑城南隅。青丝为笼系⑤，桂枝为笼钩。头上倭堕髻⑥，耳中明月珠⑦。缃绮为下裙⑧，紫衣为上襦⑨。行者见罗敷，下担捋髭须⑩。少年见罗敷，脱帽著帩头⑪。耕者忘其犁，锄者忘其锄。来归相怨怒，但坐观罗敷⑫。

使君从南来⑬，五马立踟蹰⑭。使君遣吏往，问是谁家姝⑮？"秦氏有好女，自名为罗敷⑯。""罗敷年几何⑰？""二十尚不足，十五颇有余⑱。"使君谢罗敷："宁可共载不⑲？"罗敷前置辞⑳："使君一何愚㉑！使君自有妇，罗敷自有夫。"

"东方千余骑㉒，夫婿居上头㉓。何用识夫婿？白马从骊驹㉔；青丝系马尾，黄金络马头；腰中鹿卢剑㉕，可值千万余。十五府小吏㉖，二十朝大夫㉗，三十侍中郎㉘，四十专城居㉙。为人洁白皙，鬑鬑颇有须㉚。盈盈公府步㉛，冉冉府中趋。坐中数千人，皆言夫婿殊㉜。"

［题解］

这是一首民间故事诗，叙述一个太守调戏采桑女而遭严辞拒绝的故事。据郑樵《通志》称：《陌上桑》本有两首，一首名为《秋胡行》，咏秋胡的故事；一首名为《艳歌罗敷行》，咏罗敷的故事，即本诗。本诗的创作年代，约在东汉。全诗可分为三解（“解”即“章”，是乐歌的段落）。自“日出东南隅”至“但坐观罗敷”为一解，写罗敷之美，极力铺陈夸张；自“使君从南来”至“罗敷自有夫”为二解，写罗敷与使君的问答，现出使君的无耻荒唐；自“东方千余骑”至结束为三解，写罗敷对丈夫极尽夸张赞扬，表现出罗敷的机智聪明。整首诗情节逼真、语言华丽、形象生动。虽经文人修饰加工，仍体现出浓烈的民间歌谣风味。

［注释］

①本诗选自中华书局1983年版逯钦立辑校《先秦汉魏晋南北朝诗》汉诗卷九。②隅：角落、方向。我：作诗者的自称。这二句是歌者对于听众的开头语，是民间歌谣的一种风格，用以引起下文。“秦氏有好女”以下方是正文，歌者不再在作品中露面，纯用旁观者的口吻来讲述。③好女：指美女。④“罗敷”是汉代美女的通名。“秦”也是诗歌中美女常用的姓。⑤青丝：青色的丝绳。笼：篮子。系：指篮上的绳络。⑥倭堕髻：髻子歪在头的一边，好像要掉下来一样，又称“堕马髻”，是当时女子时髦的发型。⑦明月珠：珠宝名，相传出产于西域。⑧缃：杏黄色。绮：有花纹的丝织品。⑨襦：短袄。⑩下担：放下担子。捋：抚摩。髭：上唇的胡须。须：面颊下的胡子。⑪著：戴。帩头：即绡头，包头发的纱巾。这句意为少年人见罗敷的美丽，便将帽子脱下，重新整整头巾。⑫坐：因为。⑬使君：汉代太守、刺史之称。⑭五马：五匹马。汉代太守乘坐的马车用五匹马拉。立：停下。⑮姝：美丽的女子。⑯这二句是吏人向罗敷询问以后答复太守的话。⑰这一句是使君又令吏人去问罗敷的话。⑱这二句则是吏人询问后回复太守的话。⑲谢：问。宁：是否。载：乘车。这二句意为使君命吏人去问罗敷，是否愿同他一道乘车而去。⑳置辞：同“致辞”。㉑一何：何其。㉒千余骑：泛言丈夫的随从。

"千余"是夸张之词。㉓居上头:位居前列。㉔骊:深黑色的马。驹:二岁的小马,在此言壮实的马。㉕鹿卢:同"辘轳",井上汲水的绞车。剑柄用玉刻作辘轳的形状,称为鹿卢剑。㉖府小吏:太守府中的小官。㉗朝大夫:朝廷中大夫的官职。㉘侍中郎:官名。侍中在汉代是加官,即在原官上特加的荣衔,兼任侍中经常在皇帝左右侍奉。㉙专城居:一城之主,指太守、刺史一类地方负责官员。㉚鬑(lián)鬑(lián):须发稀疏貌。盈盈:走路从容舒缓貌。㉛公府步:方步。公府即官府。㉜殊:优秀出众。

长歌行①

《乐府诗集》

青青②园中葵,朝露③待日晞④。阳春布德泽⑤,万物生光辉。常恐秋节至,焜黄华叶衰⑥。百川东到海,何时复西归⑦?少壮不努力,老大徒伤悲!

[题解]

长歌行在汉乐府中属《相和歌辞》。全诗共有三首,这是其中的第一首。此诗托兴于园中之葵与易消的朝露,由此自然联系到自然界万物兴衰,时间流逝无情的生活哲理,从而鞭策人们应该珍惜少年时期的美好时光而有所作为。

[注释]

①本诗选自中华书局1983年版逯钦立辑校《先秦汉魏晋南北朝诗》汉诗卷九。②青青:茂盛貌。③朝露:清晨的露水。④晞(xī):晒干。⑤阳春:温和的春天时节。布:施给。德泽:即恩惠。⑥焜(kūn)黄:色泽衰退。⑦百川两句:以流水比喻光阴一去不复返。

古歌①

《乐府诗集》

秋风萧萧愁杀人②，出亦愁，入亦愁。座中何人，谁不怀忧？令我白头。胡地多飙风③，树木何修修④。离家日趋远，衣带日趋缓⑤。心思不能言，肠中车轮转⑥。

[题解]

这是一首描写游子客中思念家乡的诗，诗人远离家乡，四处漂泊，眼前萧瑟的秋景触发起他的乡思。思念家乡的愁绪如此强烈地搅扰着诗人的心灵，就像车轮滚来滚去，回环不止。此诗前六句杂用三言、四言、七言，音节短促多变，气象惨急，强烈的感情喷薄而出。后六句全用五言，节奏平缓，且用了衬托、比喻等手法，感情深沉婉转。全诗刚柔相济，呈现了错综起伏的节奏美。这首诗表现了人们共有的思乡之情，具有强烈的艺术感染力。诗中"秋风萧萧愁杀人""离家日趋远，衣带日趋缓"等句，经常被后世的诗人所引用。

[注释]

①本诗选自中华书局1983年版逯钦立辑校《先秦汉魏晋南北朝诗》汉诗卷十。②萧萧：风声。③飙风：暴风。④修修：鸟尾干枯貌，这里形容树枝的干枯。⑤缓：宽松。这二句意为离家越来越远，人越来越消瘦，衣带渐宽松。⑥这二句意为思乡之情无法言说，终日在心中翻滚，如车轮旋转不停。

迢迢牵牛星[①]

《古诗十九首》

迢迢牵牛星[②]，皎皎河汉女[③]。纤纤擢素手[④]，札札弄机杼[⑤]。终日不成章[⑥]，泣涕零如雨[⑦]。河汉清且浅，相去复几许[⑧]？盈盈一水间，脉脉不得语[⑨]。

[题解]

“古诗”本是后代人对于古代诗的称谓。汉人称《诗经》为古诗，六朝人也称汉魏诗为古诗。汉诗中有一批流传到梁、陈时，“不知作者”或“疑不能明”，而且题目也已失传。对于这些诗，编集者便一概题为《古诗》。梁昭明太子萧统所编集的《文选》，第一次将十九首无名作者的抒情短诗辑录在一起，题为《古诗十九首》，后世遂沿用这一名称。

《古诗十九首》大约产生于东汉末年，是诗歌由两汉发展到魏晋南北朝过程中，一个极为重要的转折点，标志着五言诗在演进过程中已达到了成熟的阶段。

本篇是《古诗十九首》中的第十首。这首秋夜即景之作，巧借天上的牵牛织女双星，抒写人间别离的感情，想象丰富，充满着浓厚的浪漫气息，在《古诗十九首》中，显得十分突出。然而全诗虽由幻想引出，以牵牛织女故事为线索一写到底，却没有黏滞在故事的具体情节上。诗中的织女，是日常生活中美的概念的化身，她品质崇高、仪容贞静、勤于劳作、一往情深。诗人按照自己的理想塑造了织女的形象，不仅表现了离别相思的哀怨，而且给人以具有生活意义的美感。这在汉、魏诗歌中是不多见的。

[注释]

①本诗选自四部丛刊影印胡刻本《昭明文选》卷二十九。②迢迢：遥远貌。牵牛星：天鹰星座主星，俗称扁担星，在银河南。“迢迢”是从织女的角度来看的。③皎皎：明貌；河汉：银河。河汉女：指织女星，为天琴星座主星，在银河北，与牵牛星隔河相望。④纤纤：细长貌。擢(zhuó)：摆弄。⑤札札：机织声。杼：织布机上的梭子，机杼指织机。⑥章：纺织品上的经纬。不成章：无法往复成章。这一句意为织女因相思而无心织布。⑦零：落。零如雨：形容涕泪纵横的样子。⑧几许：多少。这二句意为银河水很清浅，牵牛织女星相去又有多远呢？⑨盈盈：水清浅貌。脉脉：凝视貌。这两句意为虽只一水之隔，却相视而不得语，可望而不可即，表现了织女隔着银河遥思牵牛的愁苦心情。

蒿里行[①]

曹 操

关东有义士[②]，兴兵讨群凶[③]。初期会盟津[④]，乃心在咸阳[⑤]。军合力不齐，踌躇而雁行[⑥]。势利使人争，嗣还自相戕[⑦]。淮南弟称号[⑧]，刻玺于北方[⑨]。铠甲[⑩]生虮[⑪]虱，万姓以死亡。白骨露于野，千里无鸡鸣。生民百遗一[⑫]，念之断人肠。

[作者介绍]

曹操(155—220)，即魏武帝。三国时政治家、军事家、文学家。字孟德，沛国谯(今安徽亳县)人。年二十举孝廉，征拜为议郎。以参加镇压黄巾起义，迁为济南相。后起兵讨董卓，迎献帝迁都许昌，削平群雄，统一北方。位至丞相及大将军，封魏王。子曹丕称帝，追尊曹操为武皇帝。他的诗歌深受乐府民歌影响，有的反映当时社会的动乱，有的抒写个人宏大的抱负，气魄雄伟、慷慨悲凉。著作有《曹操集》。

[题解]

《蒿里行》本是古代送葬时唱的挽歌，曹操此作是以古题写时事，叙述东汉末年关东州郡将领讨伐董卓时互争权利，以及人民在战乱中遭受的严重灾难。曹操以其政治家、军事家兼诗人的特殊身份，着重描写了当时的军事政治斗争，而把社会残破的状况作为这种军事政治斗争的结果来叙述，因而在诗中表现出比一般文人开阔得多的视野和胸襟。明钟惺称赞此诗为“汉末实录，真诗史也”(《古诗归》卷七)，评价并不过分。

[注释]

①本诗选自影宋刊本《乐府诗集》卷二十七。②“关东”句：汉献帝初平元年(190)，关东州郡起兵讨伐董卓，推举渤海太守袁绍为盟主。③群凶：指董卓及其爪牙。④期：希望。盟津：即孟津(在今河南孟县南)，相传是周武王伐纣时与诸侯会盟的地方。⑤乃心：其心。咸阳：秦的首都，在今陕西省咸阳市东。这句是用刘邦、项羽攻入咸阳灭秦的典故。⑥踌躇：徘徊，迟疑不进的样子。雁行：古代常以大雁飞行时整齐的队列形容兄弟排列的次序，这里用来比喻义军诸将彼此观望，不肯先进。⑦嗣还(huán)：其后不久。自相戕(qiāng)：自相残杀。⑧此句言建安二年(197)，袁绍的堂弟袁术在寿春(今安徽寿县)称帝。⑨玺：皇帝所用的印。初平二年(191)，袁绍谋立刘虞为皇帝，私刻金印。⑩铠(kǎi)甲：保护身体的战服。金属制的为铠，皮制的为甲。⑪虮(jǐ)：虱子的卵。⑫百遗一：百人中能活下来的只有一人。

短歌行

曹 操

对酒当歌，人生几何？譬如朝露，去日苦多①。慨当以慷②，忧思难忘。何以解忧？唯有杜康③。青青子衿④，悠悠我心⑤。但为君故，沉吟至今。呦呦鹿鸣⑥，食野之苹⑦。我有嘉宾，鼓瑟吹笙⑧。明明如月，何时可掇⑨？忧从中来，不可断绝。越陌度阡⑩，枉用相存⑪。契阔谈宴⑫，心念旧恩。月明星稀，乌鹊南飞。绕树三匝⑬，何枝可依？山不厌高，水不厌深。周公吐哺⑭，天下归心。

[题解]

这首诗的主题是表达作者思贤若渴的心情和对人才的尊重。全诗八句一层，共四层。开头四句感叹时光易逝，然后把这种迁逝之感与建立功业的理想相联系，给全诗定下了积极的基调。第二层引《诗经》中《子衿》《鹿鸣》两诗，表达自己求贤若渴的心情。第三层进一步描写自己因求贤才不得而沉吟忧思，以及贤才远道而归时的喜悦。第四层，前四句勾画了一幅月夜鹊飞图，意蕴清绝。最后四句，以山、海为喻，表达自己效法周公，欲使"天下归心"的抱负。此诗集抒情、写景、叙事、说理于一体，立意深远，感情充沛，"跌宕悠扬，极悲凉之致"(《采菽堂古诗选》卷五)。

[注释]

①去日：过去的日子。苦：苦于。②慨当以慷：应当慷慨高歌的意思。③杜康：相传古代发明造酒的人，这里用作酒的代称。④衿(jīn)：衣领。青衿是周代学子的服装。⑤悠悠：形容思虑连绵不断。以上两句是《诗经・子衿》篇成句，用

以表示对贤才的思念。⑥呦呦：鹿鸣声。⑦苹：植物名，即艾蒿。⑧以上四句用《诗经·鹿鸣》篇成句。《鹿鸣》本是宴宾客的诗，这里用来表示招纳贤才的意思。⑨掇：拾。这两句说明月不能摘取，借以比喻忧思不可断绝。⑩陌、阡：田间的道路，南北的叫阡，东西的叫陌。这句说客人远道来访。⑪枉用相存：即枉顾的意思。存：问候。⑫契阔谈宴：聚在一起谈心宴饮。契：投合。阔：疏远。这里是偏义复词，偏用契的意思。⑬匝（zā）：周，圈。⑭周公吐哺：《韩诗外传》说周公"一饭三吐哺，犹恐失天下之士"。哺：口中咀嚼着的食物。作者以周公自比，表达自己求贤建业的愿望。

步出夏门行·龟虽寿[①]

曹操

神龟虽寿②，犹有竟时③。螣蛇乘雾④，终为土灰。老骥伏枥⑤，志在千里；烈士暮年⑥，壮心不已。盈缩之期，不但在天⑦；养怡之福⑧，可得永年。幸甚至哉，歌以咏志。

[题解]

本篇是《步出夏门行》的第四章，作于建安十二年（207）北征乌桓之后，曹操这年五十三岁。曹操北征取得了很大的胜利，并扫除了袁绍集团的残余势力，实现了北方的统一。曹操面对胜利，清醒地认识到统一全国的大业尚未完成，应当乘胜前进，不断进取。这首诗抒发了作者老当益壮的英雄襟怀和志在千里的远大抱负。此诗还表明了曹操对待人生的态度。他认为长生不老的神仙是虚妄的，即使神龟、螣蛇亦有终期；但生命的长短并不完全由天决定，可以通过修养得到延长。曹操的永年之求是同他建立功业的壮心密切联系着的，表现出积极奋发的精神,不同于那些贪图生活享受而企求长生的浅薄者。

[注释]

①本诗选自影宋刊本《乐府诗集》卷五十四。②神龟:《庄子·秋水》:“吾闻楚有神龟死已三千岁矣。”龟的寿命很长,古人将它作为长寿的代表。③竟:终了。④螣蛇:又作“腾蛇”,古代传说中能腾云驾雾的神物。⑤骥:千里马。枥:马槽。⑥烈士:指怀有雄心壮志的正直人士。⑦盈缩:指寿命的长短。这两句是说,寿命长短不全然受天的支配。⑧养怡:保养身心健康。养怡两句是说,只要自己保养得好,也可以延年益寿。

七哀诗[①]

王 粲

西京乱无象②,豺虎方遘患③。复弃中国去④,委身适荆蛮⑤。亲戚对我悲,朋友相追攀。出门无所见,白骨蔽平原。路有饥妇人,抱子弃草间。顾闻号泣声,挥涕独不还。“未知身死处,何能两相完⑥?”驱马弃之去,不忍听此言。南登霸陵岸⑦,回首望长安。悟彼《下泉》人⑧,喟然伤心肝⑨。

[作者介绍]

王粲(177—217),三国时文学家。字仲宣,山阳高平(今山东邹县)人。年轻时就很有才名。十七岁时避董卓之乱,南奔荆州依刘表,未被重用。后归曹操,为丞相掾,赐爵关内侯。历任祭酒、侍中。由于他亲历乱离,目睹当时社会动乱,部分作品现实性比较强烈。诗赋注重锻字炼句,风格清丽,在建安七子中成就最高,著作有《王侍中集》。

[题解]

《七哀诗》是乐府诗题,《乐府古题要解》说"起于汉末"。曹植、阮瑀也各有《七哀诗》一首。王粲的《七哀诗》有三首,本篇是其中的第一首,写于作者初离长安投奔刘表之时。初平三年(192),王允策动吕布谋杀董卓,董卓部将李傕、郭汜领兵攻入长安,纵兵掳掠,焚毁宫殿,吏民死伤无数。这首诗描写了当时的乱离景象和作者的悲痛心情,其中既有白骨蔽平原之广阔背景的勾勒,又有饥妇弃子挥涕而去之典型事例的特写。人民的苦难和个人的流徙交织在一起,使个人的悲痛具有社会意义和时代意义。

[注释]

①本诗选自明刻汉魏六朝百三名家集本《王侍中集》。②西京:指长安。无象:即无道,这里指社会秩序的紊乱。③豺虎:指董卓部将李傕、郭汜等人。遘:同"构",制作。④中国:指中原。⑤委身:托身。荆蛮:指荆州。周人称南方民族为蛮,荆州在南方,所以称为荆蛮。⑥完:保全。以上两句是作者所听到的妇人的话。⑦霸陵:汉文帝的陵墓,在长安东面。岸:高地。⑧下泉:《诗经》篇名,写曹人不得其所,忧而思明王贤伯。这句的意思是:我现在体会到《下泉》诗作者在乱世思贤君的心情了。汉文帝是西汉贤君,故王粲登霸陵岸会产生这样的联想。⑨喟:叹息貌。

燕歌行①

曹丕

秋风萧瑟天气凉,草木摇落露为霜。群燕辞归雁南翔,念君客游思断肠。慊慊思归恋故乡②,何为淹留寄他方③?贱妾茕茕④守空房,忧来思君不敢忘,不觉泪下沾衣裳。援琴鸣弦发清商⑤，短歌微吟不能长。明月皎皎照我床，星汉西流夜未央⑥。牵牛织女遥相望，尔独何辜限河梁⑦。

[作者介绍]

曹丕(187—226)，即魏文帝，三国时魏国的建立者、文学家。字子桓，谯(今安徽亳县)人。曹操次子。建安十六年(211)为五官中郎将。二十二年立为魏太子。曹操死，嗣魏王位，不久代汉称帝。爱好文学，创作和理论都有成就。他的诗受民歌影响，语言通俗，描写也较细致。所著《典论·论文》是一篇开文学批评风气的重要论文。著作有《魏文帝集》。

[题解]

《燕歌行》是乐府诗题。乐府诗题冠以地名，是表示乐曲的地方特点，如《燕歌行》《齐讴行》《吴趋行》等都是这样。用来歌咏各地的风土，后来声音失传。燕是北方边地(在今河北省北部一带)，征戍不绝，所以《燕歌行》大都用来写离别之情。曹丕此篇为代言体，写妇女思念在远方作客的丈夫，在所写的思妇之悲中，潜藏着一个特定时代伤感的气韵。此诗受到《古诗十九首》中《明月何皎皎》的影响，但将女主人公的心理展示得更加充分，抒情更加委婉细致，而且在利用景物渲染衬托人物的情思上，也有相当明显的提高。这首诗是现存文人作品中较早的完整的七言诗，对七言诗的发展有深远的影响。

[注释]

①本诗选自四部丛刊影印胡刻本《昭明文选》卷二十七。②慊(qiàn)慊(qiàn)：空虚之感。③淹留：久留。④茕(qióng)茕(qióng)：孤独貌。⑤援：取。清商：乐曲名。⑥星汉西流：银河转向西，表示夜已很深。夜未央：夜已深而未尽的时候。⑦尔：指牵牛郎和织女。何辜：何故。河梁：河上的桥，这里即指银河。

白马篇[①]

曹 植

白马饰金羁②，连翩西北驰。借问谁家子，幽并游侠儿③。少小去乡邑，扬声沙漠垂④。宿昔秉良弓⑤，楛矢何参差⑥。控弦破左的⑦，右发摧月支⑧。仰手接飞猱⑨，俯身散马蹄⑩。狡捷过猴猿，勇剽若豹螭⑪。边城多警急，虏骑数迁移。羽檄从北来⑫，厉马登高堤⑬。长驱蹈匈奴，左顾陵鲜卑⑭。弃身锋刃端，性命安可怀⑮，父母且不顾，何言子与妻！名在壮士籍，不得中顾⑯私。捐躯赴国难，视死忽如归。

[作者介绍]

曹植(192—232)，三国魏诗人。字子建，谯(今安徽亳县)人。曹操第三子，曹丕同母弟，年轻时才华出众，颇受曹操宠爱，一度欲立为太子。曹丕即帝位后，曹植被封为陈王，备受曹丕猜忌，郁郁而死，死后谥曰“思”，故世称“陈思王”。他的前期作品大多描写安逸生活和建功立业的政治抱负，后期作品多反映受迫害的苦闷心情。诗多五言，善用比兴，词采华茂，声韵和谐，对五言诗的发展起了很大的推动作用。著作有《曹子建集》。

[题解]

本篇一作《游侠篇》，借描写边塞游侠儿捐躯赴难、奋不顾身的英勇行为，抒发了诗人自己为国效力而不惜牺牲的豪迈情怀。这首诗风格奇警、豪迈奔放，洋溢着那个时代所特有的渴望建立功业的英雄主义激情。此诗辞藻隽美、描绘精致、节奏明快、对仗工整，显示出向六朝诗发展的先兆，并对后人探索近体诗的实践有一定的影响。

[注释]

①本诗选自四部丛刊本《曹子建集》卷六。②金羁(jī):用黄金装饰的马笼头。③幽并:幽州和并州,现在的河北、山西和陕西的一部分。游侠儿:重义轻生之人。④垂:同“陲”,边远地区。⑤宿昔:早晚。秉:操持。⑥楛(kǔ)矢:用楛木做箭杆的箭。⑦控弦:拉弓。左的:左方的射击目标。⑧月支:射帖(箭靶之类)的名称。摧:毁坏。⑨接:迎射飞驰而来的目标。猱:猿类,行动轻捷,攀缘树木上下如飞。⑩散:碎裂、摧毁。马蹄:射帖名。⑪剽:行动轻捷。螭(chī):传说中形状如龙的猛兽。⑫羽檄:“檄”是军事方面用于征召的文书,插上羽毛表示紧急,称为羽檄。⑬厉马:奋马,策马。⑭陵:陵轹,践踏。鲜卑:古代东北方的一种外族,东汉末开始强大。⑮怀:顾惜。⑯中顾:内顾。

咏怀诗[①]

阮 籍

夜中不能寐,起坐弹鸣琴。薄帷鉴明月[②],清风吹我襟。孤鸿号外野,翔鸟鸣北林[③]。徘徊将何见?忧思独伤心。

[作者介绍]

阮籍(210—263),三国魏文学家、思想家。字嗣宗,陈留尉氏(今属河南)人。“竹林七贤”之一,与嵇康齐名。曾为步兵校尉,世称阮步兵。他生活在魏晋换代之际,因不愿与司马氏政权合作而纵酒谈玄,不问世事,以求在当时复杂的政治斗争中保全自己。他的诗专长五言,表现嗟生忧时、苦闷彷徨的心情,对现实多所讥刺，辞语隐约。著作有《阮步兵集》。

[题解]

《咏怀诗》共八十二首，是阮籍生平诗作的总题，不是一时之作。内容主要写他对现实的不满和自己的忧生之嗟，慷慨悲歌，情绪愤激。在表现手法上多用比兴，辞旨隐晦，归趣难求。本篇是其中的第一首，写夜深人静时作者的苦闷心情。诗人以情观景，以景衬情，把忧嗟哀愤的情怀寓含在形象的描写中，形成深蕴浑厚的艺术境界。

[注释]

①本诗选自黄节《阮步兵咏怀诗注》。②鉴：照。这句说月光照于薄帷之上。③翔鸟：飞翔着的鸟。因为月明，所以鸟在夜里飞翔。

咏史①

左　思

弱冠弄柔翰②，卓荦观群书③。著论准《过秦》④，作赋拟《子虚》⑤。边城苦鸣镝⑥，羽檄飞京都。虽非甲胄士⑦，畴昔览穰苴⑧。长啸激清风，志若无东吴。铅刀贵一割⑨，梦想骋良图。左眄澄江湘⑩，右盼定羌胡⑪。功成不受爵，长揖归田庐。

[作者介绍]

左思(250? —305?)，西晋文学家。字太冲，齐国临淄(今山东淄博东北)人。博学能文，征为秘书郎。齐王司马冏命其为记室督，左思辞疾不就。出身寒微，不喜交游，仕进不得意，因而对门阀制度非常不满。曾构思十年写成《三都赋》，为当代所重视。他的诗风格雄浑、语言遒劲，在太康诗人中成就最高。著作有《左太冲集》。

[题解]

《咏史》诗共八首，大都借吟咏古人古事来抒写自己的怀抱。左思处在门阀士族的严重压抑下，突出地表达了中下层文人的傲岸气骨，在对权势的否定之中，表现出对自我的肯定。《咏史》诗所展示的作者的个性，包含三个方面的内容：一是高远的志向和浩然的气概，二是不谄谀权势的清高品格，三是对于自我才能和自我价值的充分重视。本篇是其中的第一首，先写自己的才能，文才可与贾谊、司马相如比美，武略可与司马穰苴并肩；次叙自己具有澄清天下、建立功业的远大志向；最后表示功业完成后，放弃爵禄，归隐田园，表现出高洁的品格和磊落的胸怀。

[注释]

①本诗选自四部丛刊影印胡刻本《昭明文选》卷二十一。②弱冠：男子刚成年。古时男子二十岁加冠，其时身体尚弱未壮，故称弱冠。柔翰：毛笔。③卓荦(luò)：超然特异。④过秦：指汉代贾谊的作品《过秦论》。准过秦：以《过秦论》作为准则。⑤子虚：指司马相如的《子虚赋》。⑥鸣镝：响箭，此句用来指敌人的侵扰。⑦甲胄士：披戴盔甲的武士。⑧畴昔：往日。穰(ráng)苴(jū)：春秋时齐国人，姓田，官至大司马，善治军，所著兵法称为《司马穰苴兵法》。这里穰苴指兵法。⑨铅刀贵一割：是汉班超上疏中的成语。铅刀不适宜割东西，一割之后就难以再用。这里比喻自己虽然才能低下，还是想为国出力。⑩眄(miǎn)：斜视。澄江湘：指平定东吴。当时长江下游及湘水流域大部分属吴国。⑪羌胡：当时西北方的少数民族。晋代西北方羌族常侵略内地。

移居[①]

陶渊明

昔欲居南村，非为卜其宅[②]。闻多素心人[③]，乐与数晨夕[④]。怀此颇有年，今日从兹役[⑤]。弊庐何必广，取足蔽床席。邻曲时时来[⑥]，抗言谈在昔[⑦]。奇文共欣赏[⑧]，疑义相与析[⑨]。

［作者介绍］

陶渊明（365—427），东晋诗人。一名潜，字元亮。浔阳柴桑（今江西九江）人。二十九岁出仕，任祭酒、参军等小官吏。四十一岁时任彭泽县令，因为不满当时士族地主把持政权的黑暗现实，拂袖辞归，隐居田园。从此躬耕自资，终身不仕。长于诗文辞赋，现存诗一百二十余首，辞赋、散文十余篇。陶渊明的诗大多叙写朴素、平淡的农家景致，抒发回归自然的喜悦、宁静心情。其文学创作深受老庄思想影响，也常常反映他逃避现实、乐天安命的消极思想，但他描写自己耕作体验和感受的诗作，显得内容真切、感情深厚，具有高远的志趣和安贫乐道的情操。他还写了一些表达政治理想的诗，颇多悲愤慷慨之音。陶渊明的诗闲淡自然、不假雕饰，而寓意深远，开创了中国诗歌创作中的“田园诗”，在文学史上产生了深远的影响。著作有《陶渊明集》。

［题解］

陶渊明的故乡是浔阳郡柴桑县，在他约四十一岁的时候，从柴桑迁居到上京（今江西星子县城西）。公元408年，上京的家发生火灾，屋舍夷为平地，所以两年之后，诗人又从上京移居到当阳城（今江西九江）郊区的南村，这时作者四十六岁。《移居》作于移居南村后不久，叙写移居南村的原因，是由于这里的乡邻心地纯朴，诗人与乡民朝夕相处，叙谈往事，品评文章，十分融洽而愉快。

［注释］

①本诗选自逯钦立校注《陶渊明集》卷二。②卜宅：占卜问宅之吉凶。这两句意为以前想要移居南村，并非因为它的宅地吉祥。③素心人：心性素朴之人。④数：计算。数晨夕：意为早晚相处谈论家常。⑤兹役：指移居南村。⑥邻曲：邻居。⑦抗言：高谈阔论。在昔：往事。⑧奇文：新奇的文章。⑨析：剖析。

西洲曲①

魏晋乐府民歌

忆梅下西洲，折梅寄江北②。单衫杏子红，双鬓鸦雏色③。西洲在何处，两桨桥头渡。日暮伯劳飞④，风吹乌臼树⑤。树下即门前，门中露翠钿⑥。开门郎不至，出门采红莲。采莲南塘秋，莲花过人头。低头弄莲子，莲子清如水⑦。置莲怀袖中，莲心彻底红⑧。忆郎郎不至，仰首望飞鸿⑨。鸿飞满西洲，望郎上青楼。楼高望不见，尽日栏杆头。栏杆十二曲，垂手明如玉。卷帘天自高，海水摇空绿⑩。海水梦悠悠，君愁我亦愁⑪。南风知我意，吹梦到西洲⑫。

［题解］

《西洲曲》最早见于《玉台新咏》，作者不详。创作时间大约在梁代。这首诗写一个女子对爱人的思念以及对他们共同度过的欢乐时光的回忆。全诗起首写女子忆起梅落西洲那值得留恋的景象，便寄梅一枝给远在江北的爱人，来唤起他同样的记忆。接着便写她从冬到秋、从早到晚的相思之情。诗中用许多词句来表现季节,如“折梅”表示早春,“采红莲”表示六月等。这首诗的语言秀美自然、音节和谐流畅,是代表南朝乐府民歌最成熟、精致阶段的作品。

[注释]

①本诗选自中华书局1983年版逯钦立辑校《先秦汉魏晋南北朝诗》晋诗卷十九。②西洲:地名,在今湖北武昌附近。这两句意为女子和她的情人曾于西洲梅下相会,今梅花再开,而情人远在江北,故忆及梅花而欲往西洲折梅遥寄。③鸦雏:小乌鸦。鸦雏色,形容双鬓乌黑发亮。④伯劳:鸣禽,每年五月时开始鸣叫,性喜独处。⑤乌臼:也作乌桕,落叶乔木,高二丈许,夏月开花,秋天叶子变红。⑥翠钿:镶翠玉的首饰。⑦莲子:与“怜子”(你)谐音,隐指对男子的爱情。⑧莲心:隐含“怜心”,即爱怜之心的意思。彻底红:喻爱情的成熟、深透。⑨鸿:雁。古时有鸿雁传书的故事,在此“望飞鸿”有“盼音讯”的意思。⑩海水:在此指江水。摇空绿:江水空自绿波荡漾。⑪这两句意为江水与别离后的愁梦一样,都是渺远无边,你和我都十分愁郁。⑫这两句意为南风似乎知道我在思念爱人,把我梦中的思念吹到西洲去。

登池上楼[①]

谢灵运

潜虬媚幽姿,飞鸿响远音。薄霄愧云浮,栖川怍渊沉[②]。进德智所拙[③],退耕力不任。徇禄反穷海[④],卧痾对空林。衾枕昧节候[⑤],褰开暂窥临[⑥]。倾耳聆波澜,举目眺岖嵚[⑦]。初景革绪风[⑧],新阳改故阴[⑨]。池塘生春草,园柳变鸣禽[⑩]。祁祁伤豳歌[⑪],萋萋感楚吟[⑫]。索居易永久[⑬],离群难处心[⑭],持操岂独古,无闷征在今[⑮]。

[作者介绍]

谢灵运(385—433),南朝宋诗人。陈郡阳夏(今河南太康)人。移籍会稽。幼时寄养于外族人,因名为客儿,世称谢客。东晋名将谢玄之孙,晋时袭封康乐公,又称谢康乐,入宋,曾任永嘉太守、侍中,临川内史等职。后因反抗刘宋王朝被杀。他是我国第一位描写山水的诗人,描写景物非常细致,革除了东晋诗坛玄言诗弥漫的风气。著作有《谢康乐集》。

[题解]

这首诗作于景平元年(423)谢灵运在永嘉太守任上。诗分三节。第一节八句写他出任永嘉太守时进退维谷的心境。第二节八句写他久病初起时登楼所见。第三节六句写见景生情,引起归思,与第一节相映照,流露出不得志的伤感情绪。此诗描绘自然景色深微清新,尤其是“池塘生春草,园柳变鸣禽”一联,从草生禽鸣之中,写出初春的生意,匠心独运而不露雕琢痕迹,运笔自然之中别有一股隽永的意味,成为历代传诵的名句。

[注释]

①本诗选自四部丛刊影印胡刻本《昭明文选》卷二十二。②媚:有自我怜惜的意思。薄:通“迫”,靠近。薄霄:飞到云霄。云浮:浮在云上。怍(zuò):惭愧。这四句借虬、鸿起兴,说自己不能像虬龙深隐、鸿雁高飞那样各得其所,却为世俗尘网所羁缚而进退失据,因此感到惭愧。③《周易·乾卦》:“君子进德修业,欲及时也。”这句意思说,要想及时增进德业,做一番事业,但又不是自己的智能所及。④徇禄:追求禄位。反:归,到。穷海:荒僻的滨海地区,指永嘉。⑤这句说,因卧病与衾枕为伍,不知道季节的变化。⑥褰(qiān)开:指揭开帘幔,打开窗户。⑦岖(qū)嵚(qīn):险峻。⑧初景:初春的阳光。革:清除。绪风:余风,指冬天残余下来的寒风。⑨阳:春夏。阴:秋冬。⑩这句说随着季节的变化,藏在园柳中啼鸣的鸟类也变换了。⑪《诗经·豳风·七月》:“春日迟迟,采蘩祁祁,女心伤

悲，殆及公子同归。”祁祁：众多貌。⑫《楚辞·招隐士》：“王孙游兮不归，春草生兮萋萋。”萋萋：茂盛貌。⑬索居：离群独居。易永久：容易感到日子长久。⑭处心：安心。⑮无闷：出自《易经·乾卦》：“遁世无闷。”以上两句说，虽然离群独居，能保持高尚的节操就能无所苦闷，此事岂独古人有之，亦可验之于我今日。

代出自蓟北门行①

鲍 照

羽檄起边亭②，烽火入咸阳。征骑屯广武③，分兵救朔方④。严秋筋竿劲⑤，虏阵精且强。天子按剑怒，使者遥相望⑥。雁行缘石径⑦，鱼贯渡飞梁⑧。箫鼓流汉思⑨，旌甲被胡霜。疾风冲塞起，沙砾自飘扬。马毛缩如猬⑩，角弓不可张。时危见臣节，世乱识忠良。投躯报明主，身死为国殇⑪。

[作者介绍]

鲍照(约414—466)，南朝宋文学家。字明远，东海(今山东郯城)人。出身贫寒。曾任中书舍人等职，后为临海王刘子顼的前军参军，故世称鲍参军。后子顼起兵失败，鲍照在荆州被乱军所杀。他在当时受到门阀制度的压抑，一生很不得意，作品中充满了怀才不遇的愤懑不平之气。长于乐府，尤其擅长七言歌行，他的《拟行路难》十八首对于七言诗体的发展有重要贡献，对唐代高适、岑参、李白等人的创作也有一定的影响。著作有《鲍参军集》。

[题解]

《出自蓟北门行》是乐府旧题，本篇也是拟乐府。代，是拟的意思；蓟，今北京市附近。这首诗写边境战争，描写了边塞的苦寒、战斗的艰苦，以及将士们誓死以报明主的决心。刘宋之时，南北对峙，经常发生大规模的边境战争，成为整个社会所关注的问题，鲍照创作了许多从军诗，一方面抒发报国的激情，另一方面描写军旅生活的艰难困苦。《代出自蓟北门行》是其中最为突出的一篇。这首诗描写战争形势和军旅生活，节奏自始至终十分急促，诗人不断变换角度，造成情节的跳跃，在简劲之中流泻着一股慷慨的气概。此诗就其描写之真切、气调之高亢，已大有盛唐边塞诗的气韵。

［注释］

①本诗选自四部丛刊影宋本《鲍氏集》卷三。②边亭：边境上驻兵防守敌寇的城堡。③广武：古县名，治所在今山西代县西南。④朔方：郡名，在今内蒙境内。⑤筋：弓弦。竿：箭竿。深秋气候干燥，故弓箭强劲有力。⑥遥相望：言不绝于路。⑦雁行：形容军队排列得十分整齐，像大雁飞行的行列。⑧鱼贯：指兵士行进时一个接着一个，像串在一起的鱼。飞梁：指架在山中高空的桥梁。⑨这句说箫鼓声中流露出对家国的思念。⑩猬：刺猬。这句形容天气很冷，马缩着，身上的毛竖起来像刺猬一样。⑪国殇：指为国捐躯的战士。

晚登三山还望京邑[1]

谢 朓

灞涘望长安[2]，河阳视京县[3]。白日丽飞甍[4]，参差皆可见。余霞散成绮，澄江静如练。喧鸟覆春洲，杂英满芳甸[5]。去矣方滞淫[6]，怀哉罢欢宴。佳期怅何许，泪下如流霰[7]。有情知望乡，谁能鬒不变[8]？

[作者介绍]

谢朓(464—499),南朝齐诗人。字玄晖,陈郡阳夏(今河南太康)人。与谢灵运同族,称为小谢,曾任宣城太守、尚书吏部郎等职。因不愿依附萧遥光,被诬陷下狱,死于狱中。他的诗以描写自然风景见长,时常流露出不得志的苦闷和消极情绪。风格自然秀逸,时出警句,在永明体作家中成就较高。他的所谓“新变体诗”已有唐风,对五言诗的律化影响很大。著作有《谢宣城集》。

[题解]

这首诗写登山远望京城所见景色,抒发了去国怀乡的怅惘之情。三山,在今南京西南的长江南岸。京邑指南齐京城建业。据清代学者的说法,这首诗大约是齐明帝建武二年(495),谢朓出任宣城太守时所作。此诗刻画工整,遣词精当,造语警策,与谢灵运的山水诗风格相近,然而又有自己的特色。谢灵运的诗多写人境外幽僻之景,此诗却把屋宇建筑和自然之景结合在一起,更富有生活气息,投入的感情也更强烈,表现出与谢灵运“幽秀”所不同的“平秀”风貌。此诗情景交融,意境层出不穷,语言清丽自然,是谢朓诗中著名的篇章。李白《金陵城西楼月下吟》诗说,“解道澄江静如练,令人长忆谢玄晖”,可见其影响之深远。

[注释]

①本诗选自四部丛刊影宋本《谢宣城集》卷三。②灞:指灞水,在长安城东。涘:水边。汉末王粲因避乱离开长安时,作《七哀诗》,有“南登霸陵岸,回首望长安”之句。③“河阳”句:晋代潘岳《河阳县诗》:“引领望京室,南路在伐柯。”以上两句以古人的望京比喻自己的望京。④丽:作动词用,指日光照耀在屋宇上,色彩绚丽。甍(méng):承瓦的屋栋。⑤芳甸:芬芳的郊野。⑥滞淫:淹留。⑦霰(xiàn):雪珠。⑧鬒(zhěn):黑发。这句是说谁能不忧伤得黑发变白呢?

入若耶溪[①]

王籍

艅艎何泛泛[②]，空水共悠悠[③]。阴霞生远岫，阳景逐回流[④]。蝉噪林逾静，鸟鸣山更幽。此地动归念，长年悲倦游。

[作者介绍]

王籍生卒年不详，南朝齐梁文学家。字文海，琅邪临沂(今属山东)人。曾为梁湘东王萧绎谘议参军。太清元年(549)，萧绎出镇荆州，王籍以谘议参军兼作唐(今湖南安乡北)县令，未几卒。其诗效谢灵运，甚为时人称赏。今存诗仅两首。

[题解]

这首诗写黄昏时分泛舟若耶溪上的情景。若耶溪，在今浙江绍兴东南若耶山下，素以山水清幽秀丽著称。王籍当时任湘东王萧绎的谘议参军。萧绎为会稽郡太守，王籍随同前往，遍游郡内山水名胜，此诗便是其时所作。这首诗绘景如画，意境清远深幽，尤其是"蝉噪"两句，以静写动，以有声写无声，传达出一种难以言传的微妙感觉，成为历来传诵的名句。这种寓静于动、以动见静的描写手法，为后代诗人描写静态美开创了新的途径。唐代王维尤擅于以此法写景，创作了不少名篇。

[注释]

①本诗选自中华书局1983年版逯钦立辑校《先秦汉魏晋南北朝诗》梁诗卷十七。②艅(yú)艎(huáng)：船。③空水：天空、水流。④景(yǐng)：通"影"，影子。

木兰诗[1]

北朝乐府民歌

唧唧复唧唧，木兰当户织[2]。不闻机杼声[3]，唯闻女叹息。问女何所思，问女何所忆。女亦无所思，女亦无所忆。昨夜见军帖[4]，可汗大点兵[5]。军书十二卷[6]，卷卷有爷名。阿爷无大儿，木兰无长兄，愿为市鞍马[7]，从此替爷征。东市买骏马，西市买鞍鞯[8]，南市买辔头[9]，北市买长鞭。朝辞爷娘去，暮至黄河边[10]，不闻爷娘唤女声，但闻黄河流水鸣溅溅[11]。旦辞黄河去，暮至黑山头[12]，不闻爷娘唤女声，但闻燕山胡骑鸣啾啾[13]。万里赴戎机[14]，关山度若飞。朔气传金柝[15]，寒光照铁衣[16]。将军百战死，壮士十年归。归来见天子，天子坐明堂[17]。策勋十二转[18]，赏赐百千强。可汗问所欲，木兰不用尚书郎[19]。愿借明驼千里足[20]，送儿还故乡。爷娘闻女来，出郭相扶将[21]。阿姊闻妹来，当户理红妆。小弟闻姊来，磨刀霍霍向猪羊[22]。开我东阁门，坐我西阁床。脱我战时袍，著我旧时裳。当窗理云鬓，对镜帖花黄[23]。出门看伙伴，伙伴皆惊忙。同行十二年，不知木兰是女郎。雄兔脚扑朔[24]，雌兔眼迷离[25]。双兔傍地走，安能辨我是雄雌。

[题解]

这是一首叙述女英雄木兰代父从军的叙事诗，最早著录于陈释智匠所撰的《古今乐录》，《乐府诗集》收有二首《木兰诗》，以这首流传最广。关于此诗产生的年代，历来有不同的说法。一般认为此诗以北魏与蠕蠕（即柔然）的战争为背景，大约产生于北朝后期，在长期流传的过程中，经过后代文人的润饰和加工，这首诗成功地塑造了一个刚强勇敢、不慕功名富贵的女英雄形象，生动地说明女子与男子一样，同样可以做出轰轰烈烈的英雄业绩，这对于封建社会重男轻女的传统观念是一个有力的冲击。这首诗构思巧妙、剪裁得当、详处不繁、简能传神，叙事和抒情有机地相结合，标志着我国长篇叙事诗趋向成熟。木兰从军的故事，在我国民间广泛流传，并不断地被改编为小说、戏曲等文学样式。由此可见这首诗影响之深远。

[注释]

①本诗选自中华书局1983年版逯钦立辑校《先秦汉魏晋南北朝诗》梁诗卷二十九。②唧唧：纺织机的声音。③机：织布机。杼(zhù)：织布机上的梭子。④军帖：征兵的文书、名册。⑤可(kè)汗(hán)：古代西北地区各民族对君主的称呼。⑥军书：即军帖。⑦市：购买。⑧鞯：马鞍下的垫子。⑨辔(pèi)头："辔"为驾驭马的嚼子和缰绳。⑩朝：又作"旦"。至：又作"宿"。⑪溅溅：水流冲击声。⑫黑山：即杀虎山，在今内蒙古呼和浩特市东南。⑬燕山：即燕然山。在今蒙古国境内的杭爱山。啾啾：马嘶鸣声。⑭戎机：军机，在此指战争。⑮朔气：北方的寒气。金柝(tuò)：即刁斗，铜制，三足，白天用来烧饭，晚上用来打更。⑯铁衣：铁甲战袍。⑰明堂：君王用来祭祀、接见诸侯、选拔人才的殿堂。⑱策勋：记功。军功每加一等则官爵也随升一等，称为"一转"，"十二转"，极言官爵之高。⑲尚书郎：尚书省的高级官员，尚书省为古代中央的政治机关。⑳明驼：善走的骆驼。㉑相扶将：互相扶持。㉒霍霍：快速磨刀时发出的声音。㉓帖花黄：当时流行的一种妇女装饰，把金黄色的纸剪成星、月、花、鸟等形状贴于额上，或在额上点以黄色。帖，通"贴"。㉔扑朔：跳跃貌。㉕迷离：眼神朦胧貌。

敕勒歌[①]

北朝乐府民歌

敕勒川[②]，阴山下[③]。天似穹庐[④]，笼盖四野[⑤]。天苍苍，野茫茫，风吹草低见牛羊⑥。

[题解]

这首诗最早见于《乐府诗集》。敕勒为匈奴的后裔，北朝时居住于朔州（今山西省北部）一带。《敕勒歌》当初是以鲜卑语流传的，后被译成汉语。它的创作年代，大约是在东魏孝静帝武定年间（约654年前后）。这首诗风格豪放、雄健质朴，寥寥数言就十分生动地勾画出大西北草原的壮丽景色。

[注释]

①本诗选自中华书局1983年版逯钦立辑校《先秦汉魏晋南北朝诗》北齐诗卷三。②川：指平原，"敕勒川"：回敕勒族居于此而得名，现在内蒙古自治区的南部，它的北面就是横亘于中国北方连绵数千里的阴山山脉。③阴山：即阴山山脉，阴山不高，但是很长，像一道巨大的屏风，挡在内蒙古草原的后面。④穹庐：游牧民族住的圆顶帐篷。⑤"野"应按古音念"yǎ"，与"下"押韵。⑥"见"念"xiàn"，同"现"，这个字当重读。

蝉①

虞世南

垂绥饮清露②，流响出疏桐③。居高声自远，非是藉秋风④。

[作者介绍]

虞世南（558—638），唐诗人、书法家。字伯施，越州余姚（今属浙江）人。在隋，为秘书郎，十年不徙官。文章婉缛，与兄世基皆有名，时人以比"二陆"（陆机、陆云)。入唐,为秦王府参军、记室。太宗即位,官至秘书监。封永兴县子,人称“虞永兴”。其乐府诗较为可观,此外,则多为奉和、泛咏之作。编有《北堂书钞》。

[题解]

这是一首托物寓意的小诗,是唐人咏蝉诗中时代最早的一首。表面看来,作者歌咏了鸣蝉生性的高洁、长鸣的远播,实际上诗人以鸣蝉为喻,抒发了自己的思想追求,赞美了品格高尚的人。据史载,虞世南为人正直,又很有才华,唐太宗曾多次称赞他的“五绝”(德行、忠直、博学、文词、书翰)。因此,诗中人格化的“蝉”还可能带有自况的意味。这首诗情高韵远,比兴寄托的运用尤为出色。

[注释]

①本诗选自《全唐诗》卷三十六。②緌(ruí):古人结在颔下的帽带下垂部分。蝉的头部有伸出的触须,形状好像下垂的冠缨,故说“垂緌”。饮清露:古人认为蝉生性高洁,栖高饮露。③流响:指蝉声长鸣不已,悦耳动听。疏桐:高挺清拔的梧桐树。④藉(jiè):同“借”,凭借。

在狱咏蝉①

骆宾王

西陆蝉声唱②,南冠客思深③。那堪玄鬓影④,来对白头吟⑤。露重飞难进⑥,风多响易沉⑦。无人信高洁⑧,谁为表予心。

[作者介绍]

骆宾王(约640—684),唐代诗人。婺(wù)州义乌(今属浙江)人。最初在道王李元庆府供职,后曾任过武功、长安两县主簿及侍御史,不久得罪入狱,贬临海县丞,郁郁不得志。武后光宅元年(684),随徐敬业在扬州起兵反对武则天。兵败,不知所终。宾王少负才名,擅长七言歌行,是“初唐四杰”之一。著作有《骆临海集》。

[题解]

这首诗写于仪凤三年(678)秋。骆宾王任侍御史时,因上书触怒了武后,遭诬入狱。此诗是他在狱中写给知己的。诗前有一篇长序,说自己身系囹圄,闻蝉声而有感,因而以蝉自比,希望朋友能体察他的清白无辜,替他昭雪。诗与序的意思大略相同,但更简练含蓄。诗中通过咏蝉表白了自己品性的高洁,寄托了自己遭谗被诬的悲愤心情。这首诗感情充沛,功力深厚,咏物中寄情寓兴,由物到人,由人及物,物我浑然一体,是咏物诗中的名作。

[注释]

①本诗选自《全唐诗》卷七十八。②西陆:指秋天。③南冠:楚人的帽子,此指囚犯。《左传》成公九年:“晋侯观于军府,见钟仪,问之曰:‘南冠而絷者(戴楚冠而被缚者)谁也?’有司对曰:‘郑人所献楚囚也’。”后世遂以南冠代称囚犯。客思:家乡之思。④那堪:怎能忍受。玄鬓影:指蝉。鬓发梳得薄如蝉翼,看上去像蝉翼的影子,故玄鬓影即指蝉。⑤“来对”句:是说秋蝉正对着自己的白头哀吟。《白头吟》是古乐府《楚调》曲名,曲调哀怨,诗人用来表示自己清直而遭谗的感情,语意双关。⑥露重:指秋露浓重。飞难进:是说蝉难以高飞。⑦响:指蝉声。沉:没,掩盖。⑧高洁:高尚洁白。传说蝉是一种“饮露而不食”的昆虫,所以说它高洁。这里是作者自喻。

送杜少府之任蜀川①

王　勃

城阙辅三秦②，风烟望五津③。与君离别意，同是宦游人④。海内存知己⑤，天涯若比邻⑥。无为在歧路，儿女共沾巾⑦。

[作者介绍]

王勃(650—676)，字子安，绛州龙门(今山西省河津县)人王绩的侄孙，曾为沛王府修撰，后任虢州参军，因罪革职，著有《王子安集》。王勃与杨炯、卢照邻、骆宾王齐名，世称“初唐四杰”，四杰之中，王勃才气最高、成就最大，其诗文俱佳，但以文为最上，诗风则清新、质朴。传诵的佳句有“日落山水静，为君起松声”(《咏风》)；“海内存知己，天涯若比邻”(《送杜少府之任蜀川》)。

[题解]

这是王勃供职长安时所作的一首著名的五言律诗。杜少府，名不详。唐人称县尉为少府。杜少府去蜀地任职，王勃写此诗送行。诗中有深切的惜别之情、诚恳的勉慰之语，还有朋友的体贴关注之意，然而却一反赠别诗常有的那种哀伤和悱恻，写得欢乐开朗、亲切豪壮，是初唐诗坛上不可多得的名篇佳作。特别是“海内存知己，天涯若比邻”一联，极为旷达豪放，成为千古传诵的名句。

[注释]

①本诗选自《全唐诗》卷五十六。②城阙：指唐代的都城长安，宫门前的望楼叫阙。辅三秦：以三秦为辅。辅：佐，护持。三秦：今陕西一带，本来是秦国旧地，

项羽灭秦后，将它分为雍、塞、翟三国，称为三秦。这里泛指长安附近的关中之地。③"风烟"句：风烟：指自然景色，是说遥望五津，风烟迷茫。五津：岷江的五大渡口——白华津、万里津、江首津、涉头津、江南津。此指蜀川。④"与君"两句：是说我们都是出外做官的人，为了前程，不可能常聚在一起，离别是难以避免的。宦游人：为了做官而远游的人。⑤海内：四海之内，即国境内。⑥天涯：指远隔一方的人。比邻：近邻。古时五家相连为比。⑦"无为"两句：是说不要在分手的路上，像青年男女那样泪湿佩巾。无为：不用的意思。歧路：岔路，指分手之处。

代悲白头翁[①]

刘希夷

洛阳城东桃李花，飞来飞去落谁家？洛阳女儿惜颜色，坐见落花长叹息。今年花落颜色改，明年花开复谁在？已见松柏摧为薪，更闻桑田变成海[②]。古人无复洛城东，今人还对落花风。年年岁岁花相似，岁岁年年人不同。寄言全盛红颜子[③]，应怜半死白头翁。此翁白头真可怜，伊昔红颜美少年。公子王孙芳树下，清歌妙舞落花前。光禄池台文锦绣，将军楼阁画神仙。一朝卧病无相识，三春行乐在谁边？宛转蛾眉能几时[④]。须臾鹤发乱如丝[⑤]。但看古来歌舞地，惟有黄昏鸟雀悲。

[作者介绍]

刘希夷(651—约679)，唐代诗人。一名庭芝，字延之，汝州(今河南临汝)人。唐高宗上元二年(675)进士。平生纵放不拘。好酒，善弹琵琶。卒时不满三十岁。

[题解]

本诗各选本又分别题作《白头吟》《白头翁咏》《代白头吟》，系拟古乐府《白头吟》旧题之作。唐孙翌编选《正声集》，以这首诗为全集首作。相传刘希夷之舅宋之问欲据诗中"年年岁岁花相似，岁岁年年人不同"佳句为己有，希夷不允，被其加害致死。全诗以落花起兴，反复感叹时光流逝和人生变化无常，充分流露出诗人对青春年华的眷恋及其无法滞留的悲哀。词气婉丽柔转而又清浅流畅。作者以古乐府歌行的创作见长，这首诗是他优秀的代表作品。

[注释]

①本诗选自《全唐诗》卷八十二。②"更闻"句：典出《神仙传》："麻姑自说云，接待以来，已见东海三为桑田。"后以沧海桑田比喻世间事物发生很大变化。③红颜子：指青春少年。④蛾眉：女子修长的眉毛。⑤须臾：顷刻，片时。

渡汉江①

宋之问

岭外②音书断，经冬复历春。近乡情更怯，不敢问来人③。

[作者介绍]

宋之问(约656—712)，唐代诗人，字延清，虢州弘农人。早岁知名，武则天时官至尚方监承，后因谄附张易之被贬至泷州，不久逃归。睿宗时，他被流放到钦州(今广东省钦县)，后以赦改桂州。玄宗时，他被赐死于徙所。其人之诗作以属对精密，音韵谐调的特色与沈佺期齐名，文学史上号称"沈宋体"，因诗人的一生中两次被流放，故其诗内容充实，有较深的生活感受。《渡汉江》一诗即属这一类记行述感的佳作。

[题解]

作者被贬为泷州参军之后即逃归。此诗系其归途中渡汉水即兴所作，叙写流放岭南后音书绝断的痛苦，同时流露出久别家乡而为之牵挂与忧虑的复杂心情。

[注释]

①本诗选自《全唐诗》卷五十三。②“岭外”，即岭南。开头两句是说贬谪岭南时，家书断绝历时日不少。③“近乡”两句：是说因家书久绝，不明家中情况，所以越接近家乡心中越感到担心，恐有不祥的消息，以至于不敢向人打听情况。汉江：即今汉水中游的襄河，作者从贬所泷州逃归洛阳，当由襄阳渡汉江，经南阳入洛，所以有“近乡”之语。

登幽州台歌①

陈子昂

前不见古人，后不见来者②。念天地之悠悠③，独怆然而涕下④。

[作者介绍]

陈子昂(661—702)，唐代诗人。字伯玉，梓州射洪(今属四川)人。二十四岁中进士。武后时，官右拾遗，后世称为陈拾遗。曾随武攸宜北征契丹，后解职归里，被县令段简陷害，死于狱中。他论诗提倡汉魏风骨，主张作诗要有兴寄，强调文学的社会意义，反对齐梁以来的形式主义诗风。其诗词意激昂、风格高峻。著作有《陈拾遗集》。

[题解]

诗人随建安王武攸宜出征东北边陲的第二年(679),由于武攸宜不懂军事,使前军陷没。在此危急关头,陈子昂挺身而出向其进谏,并愿率万人为前驱,为国破敌。武攸宜不仅不加采纳,反而将他贬为军曹。陈子昂满怀悲愤,登上了蓟北城楼,缅怀往古,遥思未来。怀才不遇的愤懑之情、知遇难求的孤独之感油然而生,胸中郁积的不平之气,凝成了这首千古传诵的名篇。这首诗语言质朴苍劲,格调沉郁雄浑,洗尽六朝脂粉气,唱出了盛唐之音的序曲。蓟北楼即幽州台,故址在今北京市西南,唐代属幽州,故名。

[注释]

①幽州:郡名。幽州台,即蓟北楼,作者登台远眺,独立苍茫,不免引起古今变易的感触,又因眼前是空旷的大宇和原野,又不免引起天地悠久,人生短暂,宇宙无限,个人渺小的慨叹。诗人有着远大的抱负,因怀才不遇,所以又有些不遇知音的孤独感。②"前不见"两句:是说已经过去了的古圣人,我见不到了;还未到来的贤君,我也等不着。③天地:指古往今来的历史,无穷无尽的宇宙。悠悠:悠久,漫长,无穷无尽。④怆(chuàng)然:伤感的样子。

咏柳[1]

贺知章

碧玉妆成一树高,万条垂下绿丝绦[2]。不知细叶谁裁出,二月春风似剪刀。

[作者介绍]

贺知章(659—744),唐代诗人,字季章,浙江萧山人。萧山古属越州或四明,所以他自称“四明狂客”，同李白交好。参加科举考试，中进士，先做国子监（国立大学）的博士，又升为礼部侍郎，最后做到秘书监，都是职位较高的官。玄宗天宝初还乡，晚年归隐镜湖，工书法，诗以绝句见长，清新通俗。

[题解]

此诗是一首咏物诗。诗人用朴素自然的语言，对早春二月的杨柳作了细致而新颖的描写。全诗构思新巧，色彩鲜明，初春所萌发的勃勃生机现于笔端，表达了诗人对春天的赞美之情。

[注释]

①本诗选自《全唐诗》卷二六六。②丝绦（tāo）：丝带。

回乡偶书[①]

贺知章

少小离家老大回，乡音无改鬓毛衰[②]。儿童相见不相识，笑问客从何处来。

[题解]

此诗是写诗人年逾八十，久别家乡后返乡有感。诗中流露出人生易老、世事沧桑的无限感慨，平易而生动地抒发了自己的真实情感。原作两首，这是第一首。

[注释]

①本诗选自《全唐诗》。②衰：于此处当念“cuī”音。鬓毛衰：两鬓的毛发是完全衰白了。

凉州词[①]

王 翰

葡萄美酒夜光杯②,欲饮琵琶马上催③。醉卧沙场④君莫笑,古来征战几人回!

[作者介绍]

王翰(生卒不详),唐代诗人,字子羽,并州晋阳(山西省太原市)人。景云元年中进士,曾任驾部员外郎等官职。他生性豪荡,恃才不羁,善纵酒游乐。诗多壮丽之词,《凉州词》最负盛名,他的歌行写得风华流丽,其中著名的有《飞燕篇》,绝句也是他所擅长的。

[题解]

这是一首表现边地色彩和军营生活的诗。诗人选取了军营将士生活的一个侧面,把边地将士一醉方休、笑傲生死的豪情表现得淋漓酣畅,在悲壮之中流露出缕缕感伤。原作两首,这是第一首。

[注释]

①本诗选自《全唐诗》卷三六六。②夜光杯:精致的酒杯。东方朔《十洲记》说:周穆王时西胡献夜光常满杯,杯用白玉之精制成,光明夜照。③催:指催饮。④沙场:平沙旷野,本句说古来从军作战能驾归者无几,夸张了战争的残酷,这种夸张有消极意味,但是全诗的情调不是伤感的。

次北固山下[①]

王 湾

客路青山外②，行舟绿水前。潮平两岸阔，风正一帆悬③。海日生残夜，江春入旧年。乡书何处达，归雁洛阳边。

[作者介绍]

王湾（生卒年不详），唐代诗人。河南洛阳人，玄宗先天时进士。开元初任荥阳主簿，后参加校理书籍的工作，终于洛阳尉。曾来往吴、楚间，多有佳作。《全唐诗》存其诗十首。

[题解]

这是诗人乘船泊镇江北固山下所作。江中潮平岸阔，残夜归雁，触发了诗人心中绵绵的情思、淡淡的乡愁。“潮平”一联是妙语，写出了北固山下长江的开阔，以浩茫的江景托现出浩茫的心宇。“海日”一联更是妙语，写出了客中对时序格外敏感的心态，将题面中的“次”（停泊）字表现得神完意足，得张说激赏，亲手题于政事堂，以作楷式。殷璠《河岳英灵集》收入此诗，题作《江南意》，字句多有不同，对“海日生残夜，江春入旧年”有极高的评价，认为“诗人已来，少有此句”。

[注释]

①本诗选自《全唐诗》卷二七一。②客路：旅途。③风正：风顺而和。

春江花月夜①

张若虚

春江潮水连海平，海上明月共潮生。滟滟随波千万里②，何处春江无月明。江流宛转绕芳甸③，月照花林皆似霰④。空里流霜不觉飞，汀上白沙看不见。江天一色无纤尘，皎皎空中孤月轮。江畔何人初见月？江月何年初照人？人生代代无穷已，江月年年望相似。不知江月待何人，但见长江送流水。白云一片去悠悠，青枫浦上不胜愁⑤。谁家今夜扁舟子⑥？何处相思明月楼？可怜楼上月徘徊，应照离人妆镜台。玉户帘中卷不去，捣衣砧上拂还来⑦。此时相望不相闻，愿逐月华流照君。鸿雁长飞光不度，鱼龙潜跃水成文。昨夜闲潭梦落花，可怜春半不还家。江水流春去欲尽，江潭落月复西斜。斜月沉沉藏海雾，碣石潇湘无限路⑧。不知乘月几人归，落月摇情满江树。

［作者介绍］

张若虚(约660—约720)，唐代诗人。扬州(今属江苏)人。曾官兖州兵曹。与贺知章、张旭、包融齐名，并称“吴中四士”，生平事迹，已不可详考。所作诗篇多散佚，《全唐诗》存诗仅两首。

［题解］

《春江花月夜》为乐府旧题，属《清商曲·吴声歌曲》。曲调相传创自于南朝陈后主叔宝。这首诗以细腻的笔触描绘出江流、明月、花林等春江月夜优美的自然景色，抒写了人间离别相思之情和对宇宙、人生的深切感慨。全诗将写景与抒情有机而自然地交融在一起，寓情于景。在格调上追求清新、婉丽，词清语丽，音调优美，初步洗脱了六朝宫体诗的浓脂腻粉，一向为世人称诵，在初唐诗坛属上乘之作，具有很高的艺术欣赏价值。

[注释]

①本诗选自《全唐诗》卷一一七。②滟（yàn）滟（yàn）：波光闪动的样子。③芳甸：遍生花草的原野。郊外之地谓之“甸”。④霰（xiàn）：雪珠。此处喻月光映照下的花朵银光似雪球。⑤青枫浦：一名双枫浦，在今湖南省浏阳县境。此处泛指荒远的水边。⑥扁（piān）舟：小舟。扁舟子：飘荡江湖的游子。⑦“玉户”两句：写月光倾泻房中与砧板上，似同人的愁思，不能驱散。⑧碣石：山名，在今河北省昌黎县北。潇湘：两水名，在今湖南省零陵县汇合。这里以“碣石”指北，“潇湘”指南。无限路，指离人相距之远。

感遇①

张九龄

兰叶春葳蕤②，桂华秋皎洁③。欣欣此生意，自尔为佳节④。谁知林栖者⑤，闻风坐相悦⑥。草木有本心⑦，何求美人折？

[作者介绍]

张九龄（678—740），唐代诗人。一名博物，字子寿，韶州曲江（今广东韶关）人。唐中宗景龙元年（708）进士。历官至中书侍郎同中书门下平章事、中书令。在朝直言不讳，卓有声誉，是开元时代贤相之一，后遭权贵李林甫的排挤，被贬为荆州长史。诗风清和淡雅。他的诗劲炼质朴，寄托深远，洗尽六朝铅华，对王孟诗派颇有影响。《唐音癸签》说他“首创清淡之派”。著有《曲江集》。

[题解]

《感遇》诗共十二首，作于张九龄被罢相贬为荆州长史之时。这是其中的第一首。玄宗时，李林甫等在朝中嫉贤妒能，一味逢迎皇帝，张九龄为李所深忌，又因直谏而忤玄宗，遂罢政事而坐贬。作者平生刚直的性格，自不能容忍朝廷勾心斗角、任用无方的情形。本篇托咏歌兰叶、桂花的茂盛与高洁，就小物说大道理，微露气骨，精神秀出，细吟之，则深综古意，言外不尽，喻示诗人决意不染秽浊、洁身自好的心志。诗托物起兴，词气深沉、清远，体现出诗人清淡的创作风格。

[注释]

①本诗选自清雍正刻本《曲江集》卷三。②葳(wēi)蕤(ruí)：草木繁盛貌。③桂华：即桂花。④"欣欣"两句：意谓兰、桂勃盛盎然的生长态势，使春秋成为美好的季节。⑤林栖者：息居于山林的隐士。⑥风：气度风致。坐：因。⑦本心：原指草木的根本和茎心，这里有双关的意思，言存有本志。

望月怀远①

张九龄

海上生明月，天涯共此时。情人怨遥夜②，竟夕起相思③。灭烛怜光满，披衣觉露滋。不堪盈手赠，还寝梦佳期④。

[题解]

这首诗为怀人之作。全诗以幽清的明月之夜起景，寄托作者与月夜共生的对友朋或亲人深切的思念，情与景自然融通契合，诗境清远、幽雅，寓情真切、流转。起句雄浑阔大，结句构思奇妙，皆是佳句。“望月”“怀远”俱以寻常语出之。然而清空一气，语淡情腴，令人如痴如醉。月华风露，灭烛、披衣，仿佛犹见诗人踯躅彷徨的身姿。

[注释]

①本诗选自清雍正刻本《曲江集》卷五。②情人：指充满思念之情的人。遥夜：长夜。③竟夕：整夜。④“不堪”两句：谓可惜不能以手掬取月光送给远方所怀念的人，还是回室就寝与他梦中欢会吧。不堪：犹言不能。

凉州词[①]

王之涣

黄河远上白云间[②]，一片孤城万仞山[③]。羌笛何须怨杨柳，春风不度玉门关[④]。

[作者介绍]

王之涣(688～742)，唐代诗人。字季凌，原籍晋阳(今山西太原)，迁居为绛郡(今山西新绛)人。开元初，任冀州衡水县主簿，遭人诬陷去官。过了十五年漫游生活，足迹踏遍黄河南北。后补文安县尉，死于任所。其诗多入乐，以描写边塞风光著称，与高适、王昌龄齐名。他的诗在当时“传乎乐章，布在人口”。《全唐诗》存其六首绝句。

[题解]

此诗是诗人边塞诗的代表作之一。诗中以祖国河山的壮丽、边关的苍凉，衬托了守边将士的孤寂和思乡之情。此诗虽极写戍边者不得还乡的怨情,但写得悲壮苍凉,没有衰飒颓唐的情调,表现出盛唐诗人广阔的心胸。《凉州词》是乐府诗题。此诗又题作《出塞》。高适有《和王七玉门关听吹笛》诗,王七即王之涣,高诗系和之涣之作。此诗原题当为《玉门关听吹笛》,因流传失题,后人加以《出塞》之名。《凉州词》则是经伶官播唱而以乐曲命名。

[注释]

①本诗选自《全唐诗》卷二五三。②黄河远上:又作"黄沙直上"。③万仞山:形容山势之高。古八尺为一仞。④羌笛:西北羌人习惯用的乐器。怨:曲调哀怨。玉门关:在今甘肃敦煌县境内。两句意为:春风不度,杨柳不青,离人想要折一枝杨柳寄情也不能。唐代有折柳赠别的风气,人们不但见到杨柳会引起别愁,连听到《折杨柳》的曲子也会触动离恨。李白《塞下曲》的"五月天山雪,无花只有寒,笛中闻折柳,春色未曾看"与此同意。

登鹳雀楼①

王之涣

白日依山尽,黄河入海流。欲穷千里目②,更上一层楼。

[题解]

此诗缩万里于咫尺,使咫尺有万里之势。诗人通过对广阔天地与眼前景物的高度概括,形象突出地刻画了鹳雀楼前气势磅礴的景色,表达了诗人进取向上的精神,也道出了站得高看得远的哲理。此诗前二句写景,后二句说理,形象与议论相得益彰,哲理与诗情和谐统一,结合成完整的审美境界。此诗作者一作朱斌，题为《登楼》。鹳雀楼在蒲州(今山西永济)西南，楼有三层，面对中条山，下临黄河，为登临胜地，因常有鹳鹊栖息其上，故名。

[注释]

①本诗选自《全唐诗》卷二五三。鹳雀楼：一名鹳鹊楼。②穷：尽。

望洞庭湖赠张丞相①

孟浩然

八月湖水平，涵虚混太清②。气蒸云梦泽③，波撼岳阳城④。欲济无舟楫⑤，端居耻圣明⑥。坐观垂钓者，徒有羡鱼情⑦。

[作者介绍]

孟浩然(689—740)，唐代诗人。字浩然，以字行，名不详(一说名浩，字浩然)。襄州襄阳(今湖北襄樊)人。少时隐居鹿门山，四十岁时到长安应进士举，失意而归。张九龄镇荆州时，招致幕府。后病疽死。其诗多写隐居闲适和羁旅愁思，意境清远。他的诗以五言为长，前人曾说盛唐诗人，李杜之外，当推王孟。他的诗艺术上有较高造诣，但内容较狭隘，苏轼说："浩然诗韵高而才短，如造内法酒手，而无材料耳。"著作有《孟浩然集》。

[题解]

一作"临洞庭湖赠张丞相"，作于张九龄任丞相期间。诗人托兴观湖，表达了积极用世的思想和希望在仕途上得到援引的心情。诗中描写洞庭湖的气象，极有气魄，是孟浩然诗中气象较为开阔的一首。作者以状写洞庭湖水势着笔，以欲济须仗舟楫，及“临渊羡鱼，不如退而结网”作结，将上下不露痕迹合起来，宜乎效毛遂自荐。

[注释]

①本诗选自《全唐诗》卷一六〇。②“八月”两句：意为八月秋水大涨，显得平满，涵容着天宇，水天相连，和太空混而为一。虚：空蒙的水气。太清：天空。③云梦泽：今湖北东南部、湖南北部一带低洼之地的总称。全句意为洞庭湖近处都在水气笼罩之中。④岳阳城：今湖南岳阳市，在洞庭湖东岸。⑤“欲济”句：既表达无舟过湖，又隐含仕途无人引荐之憾。⑥端居：隐居。圣明：天下圣明。全句意为：生在太平时代，而不能有所建树，所以感到愧耻。⑦“坐观”两句：诗人巧妙地运用了“临渊羡鱼，不如退而结网”（《淮南子·说林训》）的古语，暗喻自己愿意出仕。言外之意，希望得到对方提携，不要使这种愿望落空。

春晓①

孟浩然

春眠不觉晓，处处闻啼鸟。夜来风雨声，花落知多少！

[题解]

诗人在此诗中着意表达了对春天的感受。诗人截取了春天的一个特征，从听觉入手，通过处处啼鸟、潇潇春雨，把春之声写得入神入趣，从而情与境融会，引发更深一层的遐想。给烂漫春光添注进另一番隽永情趣，将美好瞬间铸成永恒。

[注释]

①本诗选自《全唐诗》卷一六〇。

过故人庄①

孟浩然

故人具鸡黍②,邀我至田家。绿树村边合,青山郭外斜③。开轩面场圃④,把酒话桑麻⑤。待到重阳日⑥,还来就菊花⑦。

[题解]

这是一首田园诗。诗人以朴素的语言,将农村简朴的生活及对客人友爱纯真的态度作了生动的描述。诗人善于运用远近配合的手法来表现和谐优美的乡村自然景色和风土人情,充分反映了农村生活中恬静、安逸的情趣。

[注释]

①本诗选自《全唐诗》卷一六〇。②具:备办。鸡黍:指农家待客的丰盛饭食。③郭:古城墙分内城、外城,外城叫郭。两句意为:村庄隐藏在深林当中,从林中望去,四周被绿树包围,城外青山相连,故曰“合”。④场:打谷的场地。圃:种植蔬菜和花卉的园地。⑤把酒:端起酒杯。话桑麻:闲谈农作之事。⑥重阳日:重阳节。古人认为九是阳数,故称九月九日为重阳。⑦就菊花:赏菊。古代风俗,重阳节要赏菊。就:接近。

从军行[①]（其四）

王昌龄

青海长云暗雪山②，孤城遥望玉门关③。黄沙百战穿④金甲，不斩楼兰终不还⑤。

[作者介绍]

王昌龄(约698—757)，字少伯，盛唐诗人。其诗风格雄浑，边塞、送别、闺怨、宫怨之作尤为人所赞赏。诗体长七绝，有"七绝圣手"之称。著作有《王昌龄集》。

[题解]

此诗抒写身经百战的将士不畏边塞之地困苦，以身许国的豪情壮志。青海与玉门关东西相距数千里，然诗人将它们组合于一幅画面中，犹如中国画中的散点透视，旨在形容战区之广漠。后两句，将边塞将士的行踪蜿蜒于气象苍凉的背景中；"不斩楼兰终不还"的誓言，如画外之音，直透诗外，撞击人心。

[注释]

①《从军行》：乐府旧题。王昌龄曾以此题作七首，这首为第四首。②青海：青海湖。长云：层层浓云。雪山：指祁连山，因山巅终年积雪，故云。③玉门关：在今甘肃省敦煌西。④穿：磨穿。⑤斩：一本作"破"。楼兰：汉时西域国名，在今新疆维吾尔自治区鄯县东南一带。西汉时楼兰国与匈奴沟通，屡次杀害汉朝使臣，并侵扰西北地区。这里指侵扰边关的敌人。

出塞①

王昌龄

秦时明月汉时关，万里长征人未还。但使龙城飞将在②，不教胡马度阴山③。

[题解]

此诗是唐代边塞诗名作。以体裁而言仍可属于乐府诗。此诗特点是从时间（秦、汉）、空间（明月、关、万里长征）的描述入手，把连绵不断的边塞战争置于广阔的背景之下，流露出深沉的逝叹之感。并很自然地过渡到后二句，高度概括了边防将士期望有杰出的统帅来结束战争的意愿。全诗用字似乎很浅显，但声调高昂，气势雄壮，铿锵有力，形成独特的苍茫雄浑的意境。明诗人李攀龙曾推奖它是唐人七绝的压卷之作。《出塞》有二首，此为第一首。

[注释]

①本诗选自《王昌龄集》卷下。②龙城：此处指古卢龙要塞，在今河北喜峰口附近，汉右北平郡所在地，汉名将李广曾在此镇守。飞将：匈奴称李广为“汉之飞将军”。史载李广镇守右北平郡，匈奴不敢入侵。③阴山：在今内蒙古中部，自古为南北交通要道。

芙蓉楼送辛渐[1]

王昌龄

寒雨连江夜入吴，平明送客楚山孤。洛阳亲友如相问，一片冰心在玉壶[2]。

［题解］

此诗描写送别之情。前两句以空阔的场景，点明送别的时间、地点。后两句系作者的告白。他托行将离去的朋友辛渐，转告洛阳的亲友，自己高洁清白的品格如“冰心在玉壶”一般永不改变。“一片冰心在玉壶”为名句，被后人经常运用。

［注释］

①芙蓉楼：原名西北楼，位于润洲（今镇江）西北。辛渐：是作者的朋友，可能由润州过长江经扬州取水路赴洛阳。②冰心：比喻心地纯洁。玉壶：比喻清白廉洁。

闺怨

王昌龄

闺中少妇不知愁，春日凝妆上翠楼[1]。忽见陌头杨柳色[2]，悔教夫婿觅封侯[3]。

［题解］

到边塞从军，从马背立功，是盛唐不少青年人的理想和选择，反映了当时奋发进取的时代风气，但也使许多新婚夫妇长期离别，两相悬望。本诗通过一位闺中少妇“悔教夫婿觅封侯”的自白，揭示了她既鼓励丈夫觅取功名又怨艾自己因此独守空房的内心矛盾，揭示了一种具有普遍价值的社会心理。诗作欲擒故纵，诗题为“闺怨”，然首句却以“不知愁”写起，次句紧承首句，以少妇春日凝妆登楼具体展示其不知愁为何物，第三句陡然转折，以路边柳色牵引出绵绵愁绪，自然逼出第四句的“闺怨”。全诗起、承、转、合，脉络分明，意趣横生。虽不像《出塞》等诗的慷慨悲凉，但也真实感人。

[注释]

①凝妆：犹言严妆，刻意梳妆打扮。②陌头：大路边。③觅封侯：指从军卫边，以军功取得封侯的爵赏。

渭川田家①

王　维

斜光照墟落②，穷巷牛羊归③。野老念牧童，倚杖候荆扉④。雉雊麦苗秀⑤，蚕眠桑叶稀。田夫荷锄至⑥，相见语依依⑦。即此羡闲逸⑧，怅然吟《式微》⑨。

[作者介绍]

王维(701—761)，唐代诗人。字摩诘，太原祁(今山西祁县)人。开元十九年(731)状元及第，任大乐丞。累官至给事中。天宝十五年(756)安禄山陷两都后，王维被执，且受伪职。乱平，降为太子中允。后官至尚书右丞，故亦称王右丞。晚年居蓝田辋川，徘徊于仕隐之间。

王维早年的边塞诗以慷慨激昂的情调抒发了边塞将士的英勇气度，以苍凉刚劲之笔锋描写了祖国山川的雄伟壮观。隐居乡间之后的诗大多为描写自己幽栖生活和自然景物的山水田园诗，表现了大自然水光山色的恬适幽静之美。他的诗语言凝练含蓄，色彩明丽，景象鲜明。著作有《王右丞集》。

[题解]

这是一首五言古体诗，诗人以白描的手法描绘了一幅安逸宁和、怡然自乐的田家晚归图，流露了诗人厌倦宦游、期盼归田的心情。诗前八句写景，末两句揭明旨意，羊牛之归、牧童之归、田夫之归，均为反衬，以暗示诗人自身尚无所归宿，因此油然而生归心。

[注释]

①渭川：即渭河，源出甘肃省渭源县乌鼠山，东流入陕西省，至潼关入黄河。田家：农家。②斜光：指夕阳。光：一本作“阳”。墟落：村落。③穷巷：偏僻的里巷。④倚杖：拄着拐杖。荆扉（fēi）：柴门。⑤“雉雊”两句：意谓麦苗开花了，鸡在鸣叫，正是蚕眠时节，桑叶已经稀少了。雉（zhì）：野鸡，此指鸡。雊（gòu）：鸣叫。秀：禾类植物开花曰“秀”。蚕眠：蚕蜕皮时，不吃不动，像睡眠一样，所以叫“蚕眠”。⑥田夫：农民。荷（hè）：扛着。至：一本作“立”。⑦语依依：亲密地交谈。⑧即此：指上面所写的情景。羡闲逸：指向往农家安闲自在的生活。⑨怅然：惆怅失意的样子。式微：《诗经·邶风》中的篇名，有句云：“式微式微，胡不归。”这里是借以表达归隐田园的心情。吟：一本作“歌”。

终南山①

王维

太乙近天都②，连山接海隅③。白云回望合，青霭入看无④。分野中峰变⑤，阴晴众壑殊⑥。欲投人处宿⑦,隔水问樵夫。

[题解]

此诗写于隐居终南山时。终南山,亦称秦岭,在陕西长安南五十里,绵延八百余里,为渭水和汉水的分界。诗人笔下的终南山变幻多彩,气魄宏大,高远莫测,才开即合,似有实无,有着回味不尽的诗意和驰骋想象的场面。诗人忘情于山色,移步换景,和大自然融合在一起了。

[注释]

①本诗选自《全唐诗》卷一二六。②太乙:山名,终南山之主峰,在长安南。天都:天帝所居之处。此句极言太乙山之高。③海隅:海边,海角。极言太乙山之远。④回望合:回头看适才分散的云又合拢了。青霭:飘浮山间的青色云雾。这两句写山中烟云变灭,飘渺朦胧。⑤分野:古人以星座的位置区分的地域。⑥殊:不同。⑦人处:有人居住的地方。

山居秋暝①

王 维

空山新雨后②,天气晚来秋。明月松间照,清泉石上流。竹喧归浣女③,莲动下渔舟。随意春芳歇④,王孙自可留⑤。

[题解]

此诗为王维后期隐居终南山时所作的五律。诗歌描绘了秋日傍晚一场秋雨过后的山间景色。诗人笔下的秋景,一扫前人诗文习见的感伤色彩和悲凉情调,显得清新、优美、恬静而颇有生气。首联点明季节（“秋”）、时间（“晚”）、地点（“空山”）、天气（“新雨后”）。颔联顺势描写“空山”的夜景，极疏朗、清新。颈联由物及人，先写声响后及情景，山林之景及山间居民之生活，自然生动地得到凸现。尾联由写景转入抒情，由外物揭示心意。全诗诗情画意融为一体。

[注释]

①山居：山中的住所，指晚年所住的辋川别墅。暝（míng）：晚。②空山：此形容山的幽静。③浣（huàn）女：洗衣服的女子。④随意：任凭。春芳：春天的花。歇：凋谢。⑤“王孙”句：运用一成句《楚辞 · 招隐士》：“王孙兮归来，山中兮不可久留。”这里反其意而用之，暗寓乐于归隐山林。王孙：贵族子弟，这里为诗人自指。

观猎①

王　维

风劲角弓鸣②，将军猎渭城③。草枯鹰眼疾，雪尽马蹄轻④。忽过新丰市⑤，还归细柳营⑥。回看射雕处⑦，千里暮云平。

[题解]

这是一首以军旅生活为题材的五言律诗。诗人通过描绘射猎的场面，以刚健明快的笔调塑造了一位威武豪迈、气度非凡的将军形象，格调遒劲，气势壮阔飞动。“猎”字关涉全篇。前半部分写出猎，后半部分写猎归。首联逆起，上、下句位置倒转，有先声夺人之妙。颔联推出打猎过程中两个具有代表性的镜头。上句着意描写鹰眼的锐利，但不用“锐”而用“疾”字；下句着意刻画马驰之迅疾，但不用“疾”而用“轻”，其中妙处，大可玩味。颈联承“马蹄轻”而来，以“忽过”“还归”对举，既展示了广阔空间的迅速推移，也突出了出猎者的欢快心情。尾联遥应篇首，境界开阔，余味无穷，进一步强化了将军形象。诗中“细柳营”“射雕”两个典故，都是对出猎将军的赞美。这首诗情调慷慨，意气风发，反映了诗人早年蓬勃的进取精神。

[注释]

①本诗选自《全唐诗》卷一二六。②角弓：用兽角装饰的硬弓。鸣：拉弓射箭时发出的声响。③渭城：秦时咸阳城，汉改称渭城。在今西安市西北，渭水之北。④鹰：猎鹰。疾：敏捷，锐利。轻：劲捷，轻快。这两句意为：秋草枯萎，动物无处遮身，猎鹰锐利的目光很快就发现了捕捉的目标；冬雪消融，马儿奔驰得更加敏捷轻快。⑤新丰市：地名，在今陕西临潼县东，古代盛产美酒。⑥细柳营：西汉名将周亚夫屯军之地，在今陕西咸阳市西南渭河北岸。这里泛指军营。⑦雕：猛禽，善飞，不易射得。古称神射手为“射雕手”。

使至塞上①

王　维

单车欲问边②，属国过居延③。征蓬出汉塞④，归雁入胡天。大漠孤烟直⑤，长河落日圆⑥。萧关逢候骑⑦，都护在燕然⑧。

[题解]

开元二十五年(737)春，作者以监察御史身份出使河西。时河西节度使崔希逸战胜吐蕃，诗人奉命出塞宣慰，察访军情，途中写下此诗。诗面开阔谐和，意境雄浑。颈联写尽了边塞风光的奇特壮丽，状难写之景如在目前，成为千古传诵的名句。

[注释]

①本诗选自《全唐诗》卷一二六。②单车：轻车简从。问边：巡边，到边疆察看。③属国：附属国。这里泛指西北边远地区。居延：居延海，在今内蒙古额济纳旗以北，为当时河西地区与漠北往来要道。④征蓬：随风远去的蓬草，是诗人自喻。⑤孤烟直：直上的燧烟。宋陆佃《埤雅》："古之烽火用狼粪，取其烟直而聚，虽风吹之不斜。"⑥长河：黄河。⑦萧关：古关名，在今宁夏固原东南。候骑：巡逻侦察的骑兵。⑧都护：当时远方重镇都护府的长官。这里即指河西节度使。燕然：山名，即杭爱山，在今蒙古国境内。东汉大将军窦宪曾破匈奴于此，刻石纪功而还。这里是借用汉代典故来称颂唐边将的战功。

辋川集·鹿柴①

王　维

空山不见人，但闻人语响。返景入深林，复照青苔上②。

[题解]

《辋川集》为五绝组诗，它由诗人隐居辋川别墅时所作的20首诗集成，为王维后期山水诗代表作。《鹿柴》是其中的第四首。此诗截取空山夕照，描绘了鹿柴安谧清幽的风光。鹿柴，是辋川的地名。

[注释]

①本诗选自《全唐诗》卷一二八。②返景：一作“返影”，日西落，光返照于东。这二句写夕阳返照既入深林，又折光于青苔之上。

相思[①]

王　维

红豆生南国[②]，春来发几枝。愿君多采撷[③]，此物最相思。

[题解]

这是诗人送友人至岭南时所作。以红豆表达相思之情，托物轻而寄情深。意真情切而不伤纤巧，语言朴素而委婉含蓄。是当时传唱甚广的一首名诗。

[注释]

①本诗选自《全唐诗》卷一二八。②红豆：相思豆，产于岭南的乔木，冬春结实如豌豆而微扁，色彩鲜艳夺目。唐诗中常用它来表达相思之情。③撷：摘取。

九月九日忆山东兄弟[①]

王　维

独在异乡为异客[②]，每逢佳节倍思亲。遥知兄弟登高处[③]，遍插茱萸少一人[④]。

[题解]

此诗是诗人十七岁时因重阳节思念家乡的亲人而作。王维家居蒲州(今山西永济),在华山之东,所以题称"忆山东兄弟"。这首诗质朴无华,直抒胸臆,显得情真意切,尤其是第二句高度概括了客中思乡的深厚感情,成为千古咏唱的名句。

[注释]

①本诗选自《全唐诗》卷一二八。②异乡:他乡,和故乡相对而言。时王维独身飘泊于长安、洛阳一带,远离家乡。③登高:民间重阳节有外出登高的习俗。④茱(zhū)萸(yú):落叶乔木,有浓香。登高时佩带茱萸,据说可辟邪恶。

送元二使安西

王　维

渭城朝雨浥轻尘①,客舍青青柳色新②。劝君更尽一杯酒,西出阳关无故人③。

[题解]

这是一首送人赴西北边疆的诗。元二,未详何人。安西,即安西都护府的治所,在今新疆库车县境。朋友远行,诗人在渭城送别,写了这首诗。诗短情深,其中饱含着对远行者的深情体贴和殷勤祝愿。诗风清丽,语言晓畅,颇有韵味。诗入乐后改称《渭城曲》或《阳关曲》,历代传唱甚广。明李东阳《怀麓堂诗话》云:"后之咏别者,千言万语殆不能出其意之外。"

[注释]

①渭城:就是秦朝的咸阳,汉朝改称渭城,在今西安市西北,渭水之北。浥:湿润。②客舍:相当于现在的旅馆。③阳关:旧址在今甘肃敦煌县西南,因在玉门关南,故称阳关。

黄鹤楼送孟浩然之广陵[①]

李白

故人西辞黄鹤楼[②],烟花三月下扬州[③]。孤帆远影碧空尽[④],唯见长江天际流。

[作者介绍]

李白(701—762),唐代著名大诗人。字太白,号青莲居士,祖籍陇西成纪(今甘肃秦安)人,先世于隋末流徙中亚,李白即生于碎叶(前苏联托克马克,唐时属安西都护府)。五岁随父迁居绵州彰明(今四川江油)青莲乡。二十五岁只身出蜀,漫游全国各地。先寓居安陆(今属湖北),后又移家于任城(今山东济宁)。天宝元年(742)因道士吴筠及贺知章的推荐,应诏入京,供奉翰林,但不久即遭谗去职。安史之乱中,曾为永王李璘幕僚,因官败被牵连,流放夜郎,途中遇赦。晚年飘泊东南一带,卒于当涂。

李白的诗表达了士大夫们冲破传统约束,渴望建功立业的雄心壮志,抒写了抱负难以施展的内心痛苦和矛盾,表现出鄙夷世俗、蔑视权贵、追求个性自由的精神。其诗形象雄伟、气势磅礴、感情热烈、想象丰富、语言清新,反映了他奔放的情感和开阔的胸襟。但在一些诗中亦流露出人生若梦及时行乐的消极情绪。著有《李太白全集》。

[题解]

这是一首充满诗情画意的送别诗。诗人和孟浩然交情深厚、情谊极深，曾写诗赞曰“吾爱孟夫子，风流天下闻。红颜弃轩冕，白首卧松云”。此诗意境阔大，乐观旷达，写尽了暮春时节的迷人景色，且景中有情，情中带景，交织融会，传神无限。风格清新，文字绮丽，被后人誉为“千古丽句”。

[注释]

①本诗选自《全唐诗》卷一七四。黄鹤楼：武昌旧有黄鹤楼，故址在现在武汉长江大桥武昌桥头，旧传仙人子安乘黄鹤经过这里，故名。原楼被毁，现在附近高观山择新址重建新楼，为旅游胜地。广陵：今江苏扬州。②西辞：武昌在广陵之西，故从西边出发。③烟花：指春天的艳丽景色。下扬州：到扬州去。④碧空尽：消失在碧空中。

蜀道难[①]

李白

噫吁嚱[②]，危乎高哉！蜀道之难，难于上青天。蚕丛及鱼凫[③]，开国何茫然[④]！尔来四万八千岁[⑤]，不与秦塞通人烟[⑥]。西当太白有鸟道[⑦]，可以横绝峨眉巅[⑧]。地崩山摧壮士死，然后天梯石栈相钩连[⑨]。上有六龙回日之高标，下有冲波逆折之回川[⑩]。黄鹤之飞尚不得过，猿猱欲度愁攀援[⑪]。青泥何盘盘[⑫]，百步九折萦岩峦[⑬]。扪参历井仰胁息，以手抚膺坐长叹[⑭]。问君西游何时还？畏途巉岩不可攀。但见悲鸟号古木[⑮]，雄飞雌从绕林间。又闻子规啼[⑯]夜月，愁空山。蜀道之难，难于上青天，使人听此凋朱颜[⑰]。连峰去天不盈尺[⑱]，枯松倒挂倚绝壁。飞湍瀑流争喧豗[⑲]，砯崖转石万壑雷[⑳]。其险也如此，嗟尔远道之人胡为乎来哉㉑！剑阁峥嵘而崔嵬㉒，一夫当关，万夫莫开。所守或匪亲㉓，化为狼与豺。朝避猛虎，夕避长蛇。磨牙吮血，杀人如麻㉔。锦城虽云乐㉕，不如早还家。蜀道之难，难于上青天，侧身西望长咨嗟㉖！

[题解]

此诗作于唐玄宗天宝元年。“蜀道难”是乐府古题，内容多以山川之险言蜀道之难。诗人袭用乐府古题而推陈出新，以丰富的想象、夸张的手法、奔放的语言生动地描绘了由秦入蜀道路上奇丽惊险的山川景色，并寄寓了对国事的忧虑和担心。全诗以悲壮的咏叹凭空起势，继之以浩渺混茫的古代传说，描写山水景物，汪洋辟阖，变幻超忽，处处于险中见奇。殷璠称此诗“奇之又奇，自骚人以还，鲜有此体调”。诗中多用散文化句子，参差错落，声调铿锵，形成气势磅礴、豪迈奔放的艺术风格。

[注释]

①本诗选自《全唐诗》卷一六二。②噫吁嚱：惊叹声，蜀地方言。③蚕丛、鱼凫：传说中古代两个蜀王的名字。④茫然：渺茫。指开国年代久远，事迹难考。⑤尔来：从那时以来。四万八千岁，极言年代久远。⑥秦塞：《史记》称秦为四塞之国，在今陕西省。通人烟：人烟相通，相互往来。⑦太白：太白山，又名太乙山，在今陕西眉县、太白一带。山在长安西边，故谓“西当太白”。鸟道：形容山路陡峻狭窄。⑧横绝：横渡。峨眉：山名，在四川峨眉县。⑨“地崩”两句：指五丁力士开山后秦、蜀相通的神奇传说。《华阳国志·蜀志》记载：“秦惠王知蜀王好色，许嫁五女于蜀王。蜀王遣五丁迎之。回到梓潼，见一大蛇入穴中。一丁揽其尾掣之，不禁。至五人相助，大呼拽蛇。山崩时压杀五人及秦五女并将从，而山分为五岭。”天梯：崎岖的山路。石栈：山间绝壁边架木板筑成的栈道。这两句引用神话传说，歌颂古人开辟蜀道的功绩。⑩六龙：传说日神羲和乘车驾以六龙。高标：峰巅。逆折：旋回。这两句意谓：上面有日神无法通过的高峰，下面有波浪冲

击、湍急回旋的流水。⑪猱(náo):一名狨,是蜀地深山中最善攀援的猿猴。⑫青泥:山岭名,在今陕西略阳县北。盘盘:迂回曲折。⑬萦:绕。岩峦:山峰。⑭参、井:二星宿名,参是蜀的分野,井是秦的分野(古时根据天上星宿位置,划分地面相应的区域,叫分野)。胁息:屏住气不敢呼吸。膺:胸。这两句意谓由秦入蜀的途中山势高峻,举手似乎可以摸到天上的星辰,使人仰首屏气,只得坐下抚胸叹息。⑮号:大声啼叫。⑯子规:杜鹃鸟,蜀地最多,相传蜀帝杜宇,号望帝,死后其魂化为杜鹃。鸣声悲切,其声如说"不如归去"。⑰凋朱颜:容貌为之失色。⑱盈:满。⑲湍:急流。喧豗(huī):水流相冲击的轰响声。⑳砯(pīng):水击岩石声。这里是撞击的意思。转石:急流击动石块。万壑雷:形容声音宏大,犹如万壑雷鸣。㉑胡为:为何。㉒剑阁:又名剑门关,即大剑山与小剑山之间一条三十里长的奇险栈道,遗迹在今四川剑阁县北。峥嵘:高峻。崔嵬:高险崎岖。㉓或:假如。匪:通"非"字。㉔吮血:吸血。以上六句暗喻割据一方、拥兵自重的军阀。㉕锦城:成都,古称锦官城。㉖咨嗟:叹息。

行路难

李 白

金樽清酒斗十千①,玉盘珍羞直万钱②。停杯投箸不能食③,拔剑四顾心茫然。欲渡黄河冰塞川,将登太行雪满山④。闲来垂钓碧溪上⑤,忽复乘舟梦日边⑥。行路难,行路难!多歧路⑦,今安在?长风破浪会有时,直挂云帆济沧海⑧。

[题解]

《行路难》是古乐府杂曲歌名,内容多写人世艰难和离别悲伤之事。李白作有《行路难》三首，本篇是第一首。此诗作于天宝三载（744）辞官之初，主旨与前人相类，却又呈现出与众不同的思想和艺术特色。诗中写世路艰难，充满政治上抑郁不平之感，同时表现出更为复杂、矛盾的内心痛苦。结尾处忽开异境，幻想抱负总会有实现的时候，充满着一种积极追求、乐观自信的精神。

［注释］

①清酒：美酒。②珍羞：珍贵的菜肴。羞，同“馐”，精美的食品。直：同“值”。③箸：筷子。④太行：太行山，在今山西、河南、河北三省境内。这两句写诗人离开长安，东经黄河、太行山时的情景，以山川的险阻暗喻世路艰难。⑤垂钓碧溪：借用姜太公（吕尚）未遇周文王时曾一度垂钓于磻溪（在今陕西宝鸡）的典故。⑥“忽复”句：《宋书·符瑞志》载：伊挚（即伊尹）在将受商汤聘请时，曾梦见自己乘船在日月旁经过。梦日边：指出而用世，即做官任职。诗人借用典故表示自己为国建功的强烈愿望。⑦歧路：岔路。⑧长风破浪：《宋书·宗悫传》载：南朝宋宗悫少时，其叔问其志向，云：“愿乘长风破万里浪。”这两句意为：总有一天，我会乘风破浪，远渡沧海，冲破艰难以实现平生理想。

将进酒①

李　白

君不见黄河之水天上来②，奔流到海不复回！君不见高堂明镜悲白发③，朝如青丝暮成雪！人生得意须尽欢，莫使金樽空对月④。天生我材必有用，千金散尽还复来⑤。烹羊宰牛且为乐，会须一饮三百杯⑥。岑夫子，丹丘生⑦，将进酒，杯莫停⑧。与君歌一曲，请君为我倾耳听。钟鼓馔玉不足贵⑨，但愿长醉不用醒⑩。古来圣贤皆寂寞⑪，惟有饮者留其名。陈王昔时宴平乐⑫，斗酒十千恣欢谑⑬。主人何为言少钱，径须沽取对君酌⑭。五花马，千金裘⑮，呼儿将出换美酒，与尔同销万古愁⑯。

［题解］

此诗作于天宝十一载(752)。诗人曾与岑勋在嵩山元丹丘的颍阴山居作客，三人常登高饮宴。当时诗人因遭谗被迫离开长安，胸中积郁很深，于是借酒兴诗情，写下了这首气概豪迈、语言奔放的杰出诗篇。这首诗反映了诗人复杂而矛盾的思想情绪，流露出政治上不得志的深沉愤懑，同时也表达了淡于富贵、傲视圣贤、及时行乐、醉酒尽欢的思想。这首诗笔酣墨畅、音节嘹亮、换韵迅急、别有艺术特色。《将进酒》原是汉乐府短箫铙歌的曲调，古辞多写饮酒放歌的行为，本篇题材与古辞相近。

［注释］

①本诗选自《全唐诗》卷一六二。②黄河之水天上来：古人认为黄河源出昆仑山，因其地极高，故言天上来，这里采用浪漫夸张的写法。③高堂：指父母。④得意：有兴致的时候。金樽：珍贵的酒器。金樽空对月：在月光下任金樽空着而不饮酒。⑤千金散尽：李白《上安州裴长史书》："昔东游维扬，不逾一年，散金三十余万，有落魄公子，悉皆济之。"⑥且为乐：姑且作乐。会须：应当。⑦岑夫子：岑勋，李白好友，南阳人。丹丘生：元丹丘，也是李白好友。⑧"将进酒"句：一作"进酒，君莫停"。⑨钟鼓：古代富贵人家宴会时所奏的乐器。馔(zhuàn)玉：珍贵的食品，精美饮食。⑩用：一作"复"或"愿"。⑪寂寞：默默无闻。⑫陈王：三国魏诗人曹植，曾被封为陈王。平乐：平乐观，汉代宫阙名，故址在今河南洛阳附近。⑬恣：放任，纵情。⑭径须：直须，毫不犹豫地。沽取：买来。⑮五花马：马毛色作五花纹，指名贵的马。千金裘：价值千金的狐裘。⑯将出：拿出。尔：你。万古愁：形容无穷无尽的忧虑。

宣州谢朓楼饯别校书叔云[①]

李　白

弃我去者，昨日之日不可留；乱我心者，今日之日多烦忧。长风万里送秋雁。对此可以酣高楼[②]。蓬莱文章建安骨[③]，中间小谢又清发[④]。俱怀逸兴壮思飞[⑤]，欲上青天览明月[⑥]。抽刀断水水更流，举杯消愁愁更愁。人生在世不称意，明朝散发弄扁舟[⑦]。

［题解］

此诗是天宝十二年(753)秋，诗人在宣州饯别秘书省校书郎李云时所作。李云是李白的族叔。宣州，州治在今安徽省宣城县。谢朓楼，又名谢公楼、北楼，南齐诗人谢朓为宣城太守时所建。校书：即校书郎，掌管朝廷的图书整理工作。这首诗抒发了诗人怀才不遇的苦闷，流露出消极出世的思想，同时也流露出对自己才能的自信和欲与现实相抗争的倔强性格，在忧愤苦闷中显现出豪迈雄放的气概。风格豪放自然、俊逸飞动，具有很强的艺术魅力。

［注释］

①本诗选自《全唐诗》卷一七七。②对此：指上句所写秋景。酣高楼：畅饮于高楼。③蓬莱：海上神山，相传仙府秘书皆藏于此。汉时东观是官家著述及藏书之所，东汉学者以之比为蓬莱山。蓬莱文章：即指汉代文化。建安骨：建安年间曹操等“建安七子”所创的刚健遒劲的文风，后人称“建安风骨”。④小谢：谢朓。世称谢灵运为大谢，谢朓为小谢。他以山水风景诗见长。清发：清秀自然。⑤逸兴：超逸的兴致。⑥览：同“揽”，摘取。⑦散发：松散头发，表示脱离世俗而归隐。

暗用范蠡“乘扁舟浮于江湖”的典故。扁舟：小船。

秋浦歌

李 白

白发三千丈，缘愁似个长①。不知明镜里，何处得秋霜②。

[题解]

《秋浦歌》是组诗，共十七首，本篇在组诗中原列十五，是一首抒愤诗，写诗人壮志不遂，两鬓染霜，愁生白发。诗以自我为形象，一吐怨愤，感情激扬，极尽夸张之词而成千古绝唱。

[注释]

①缘：因为。个：这样。②秋霜：形容头发如秋霜斑白。

赠汪伦①

李 白

李白乘舟将欲行，忽闻岸上踏歌声②。桃花潭水深千尺，不及汪伦送我情。

[题解]

天宝十四年(755)，诗人在安徽泾县游桃花潭，乡人汪伦以美酒款待之。临行，汪伦又来相送，故作此诗留别。小诗新颖活泼、感情真挚。“桃花潭水”成为后人抒写别情的常用语。

[注释]

①本诗选自《全唐诗》卷一七一。②踏歌：歌唱时以脚踏地为节拍。

早发白帝城①

李白

朝辞白帝彩云间，千里江陵一日还②。两岸猿声啼不住③，轻舟已过万重山。

[题解]

唐肃宗乾元二年(759)春，诗人因永王李璘案，流放夜郎，行至白帝城遇赦。惊喜交加，遂放舟东下江陵，此诗即东下时所作。通过水行迅捷的描写，表达了遇赦获释的喜悦畅快之情。全诗因物兴感，激情浩荡，是唐人七绝中的珍品。

[注释]

①本诗选自《全唐诗》卷一八〇。白帝城：在今四川奉节，城在山上，地势高峻，常为云雾笼罩。早晨之霞变幻多彩，故曰“彩云”。②江陵：今湖北江陵县，古时相传距白帝城一千二百里，见《水经注》。③啼不住：谓猿鸣此落彼起，连绵不绝。

静夜思[①]

李　白

床前明月光②，疑是地上霜。举头望明月③，低头思故乡。

[题解]

此诗写游子思乡之情，似脱口吟成，淡淡道出，质朴无华，然形象逼真，意境深远，耐人寻味，达到了“无意于工而无不工”的境界，历来为人们所传诵。

[注释]

①本诗选自《全唐诗》卷一六五。②明月光：一作“看月光”。③望明月：一作“望山月”。

望庐山瀑布[①]

李　白

日照香炉生紫烟②，遥看瀑布挂前川③。飞流直下三千尺，疑是银河落九天④。

[题解]

《望庐山瀑布》共有两首，这是第二首，大约是李白晚年准备隐居庐山时所作。这首绝句大气磅礴，把庐山瀑布描写得雄奇瑰丽、奔放空灵，令人神往。诗作夸张而又自然，新奇而又真切，反映出诗人对大好山河的热爱之情。

[注释]

①本诗选自《全唐诗》卷一八〇。②香炉：庐山香炉峰。由于阳光照射，濛濛雾气，变成了紫色。③挂前川：瀑布下接河流，犹如悬挂在河上。④落九天：从天空最高处掉下来。传说天有九层，九天最高。

月下独酌[①]

李白

花间一壶酒，独酌无相亲。举杯邀明月，对影成三人[②]。月既不解饮，影徒随我身。暂伴月将影[③]，行乐须及春。我歌月徘徊，我舞影零乱。醒时同交欢，醉后各分散。永结无情游[④]，相期邈云汉[⑤]。

[题解]

李白《月下独酌》共四首，本篇是其中的第一首。此诗以独白的形式写出诗人在花间月下独酌的情景。诗人展开极为丰富的想象，邀请天边的明月和月光下的影子来举杯共酌，折射出他的豪放情怀。但诗中又不时流露出孤独凄凉的哀叹。

[注释]

①本诗选自《全唐诗》卷一八〇。②三人：指月亮、作者及其身影。③将：偕，一同。④无情游：指与月亮、影子等没有知觉、不懂情感的事物交游。⑤期：相约。邈：高远。云汉：银河。

子夜吴歌[①]

李白

长安一片月，万户捣衣声[②]。秋风吹不尽，总是玉关情[③]。何日平胡虏，良人罢远征[④]？

[题解]

子夜吴歌，六朝乐府《清商曲·吴声歌曲》有《子夜四时歌》，以春夏秋冬四季之景入诗。因属吴声曲，故有此称。内容多写妇女思念情人的哀怨之情。这是一首写妇女思念征夫的哀怨之作。诗作含意深远，情景交融，具有浑然天成的民歌本色，表现出古代劳动人民希求安居乐业的美好愿望。

[注释]

①本诗选自《全唐诗》卷一六五。②捣衣声：古代妇女把衣服放石砧上，用杵捶击。秋天的捣衣声最能引起思妇对远方亲人的怀念。③玉关情：对远戍玉门关外的丈夫的思念之情。④良人：丈夫。罢：停止。

别董大[①]

高适

千里黄云白日曛[②]，北风吹雁雪纷纷。莫愁前路无知己，天下谁人不识君！

[作者介绍]

高适(702—765),唐代诗人。字达夫,渤海蓨(今河北景县)人。早年游长安求仕不果,天宝中举有道科,授封丘尉。后辞官客游河西,为陇右节度使哥舒翰书记。历任淮南、西川节度使,终散骑常侍。诗歌题材广泛,尤擅写边塞军旅生活,对当时边地形势和士兵疾苦均有反映,且体调高壮、风格沉实。与岑参并称"高岑",为唐边塞诗的杰出代表。著作有《高常侍集》。

[题解]

这是诗人赠别友人董大时所作。董大名庭兰,是当时著名的琴师,曾以高超的琴艺受知于宰相房琯。诗歌从荒寒的塞外景色起笔,而以乐观昂扬的壮语作结,反映了诗人正逢盛世意欲积极进取的人生态度。

[注释]

①本诗选自四部丛刊本《高常侍集》卷八。②曛(xūn):昏暗。全句意为由于黄沙漫天,白日也失去了光彩。

黄鹤楼①

崔 颢

昔人已乘黄鹤去,此地空余黄鹤楼。黄鹤一去不复返,白云千载空悠悠。晴川历历汉阳树②,芳草萋萋鹦鹉洲③。日暮乡关何处是④,烟波江上使人愁。

[作者介绍]

崔颢(? —754),唐代诗人。汴州(今河南开封)人。开元进士,官至司勋员外郎。其诗题材广泛,形式多样,风格各异。早期多写浮艳的闺情诗,后赴边塞,诗风一变。所作边塞诗,热情洋溢,风骨凛然。有《崔颢集》。

[题解]

此诗是诗人登楼远眺,因景生情而作。面对浩瀚的长江,岁月不再、古人不可见之憾油然而生,引发出世事苍茫的感叹。诗人真切地写出了那个时代登黄鹤楼的人们常有的感受。此诗被严羽《沧浪诗话》称为唐七言律诗之首。相传李白游黄鹤楼见此诗,有"眼前有景道不得,崔颢题诗在上头"之叹。

[注释]

①本诗选自《全唐诗》卷一三〇。黄鹤楼,故址在武昌。武昌西有黄鹤山,山西北有黄鹤矶,峭立江中,旧有黄鹤楼,俯瞰江汉,极目千里。②汉阳:在武昌西北面,与黄鹤楼隔江相望。③芳草:一作春草。鹦鹉洲:在武昌北面长江中。④乡关:故乡。

望岳①

杜　甫

岱宗夫如何②,齐鲁青未了③。造化钟神秀④,阴阳割昏晓⑤。荡胸生曾云⑥,决眦入归鸟⑦。会当凌绝顶⑧,一览众山小⑨。

[作者介绍]

杜甫(712—770),唐代诗人。字子美,原籍襄阳(今属湖北),自其曾祖时迁居巩县(今属河南)。他一度寄居长安城南少陵附近,故又自称少陵野老,后人以此称其为杜少陵。开元二十三年(735),应进士举,不第。困顿长安近十年,才得授右卫率府胄曹参军。安史之乱起,他流亡颠沛,曾为叛军所虏。脱险后,授官左拾遗(后世因称杜拾遗)。旋贬华州司功参军。不久弃官往秦州(今甘肃天水)、同谷(今甘肃成县)。又移家成都,筑浣花草堂以居。严武任西川节度使时,官为节度参谋、检校工部员外郎(后世又因此称杜工部)。后由夔州(今四川奉节)携家出峡,病死江湘途中。

杜甫在仕途失意、流离颠沛的艰苦生活中,由一己之困顿,而对百姓之疾苦有了深入的体察,对统治阶级的腐败也开始有真切的了解,由此发而为诗,思想浑厚,立意高远,许多作品忠实反映了现实生活的种种问题,具有强烈的正义感和鲜明的倾向性,被后世称为"诗史"。其所作诸体兼备,并形成沉郁顿挫、律切精深的艺术风格,对后世有很大影响。著作有《杜工部集》。

[题解]

开元二十三年(735),杜甫赴洛阳参加进士考试,落第后,在齐赵一带(今河南、河北、山东等地)漫游。此诗是其游泰山时所作。全篇从"望"字着笔,意在凸现泰山之高峻雄奇和磅礴气势,故造语警拔而高壮,造境郁勃而宏阔,字里行间,洋溢着诗人心存高远、上可干云的豪气。杜诗以《望岳》为题者共三首,分咏东岳泰山、西岳华山、南岳衡山,惟此篇最著名。

[注释]

①本诗选自仇兆鳌《杜诗详注》卷一。②岱宗:指泰山。夫如何:怎么样。③齐鲁:原是春秋时两个国名,在今山东省境内。泰山之北为齐地,山南为鲁地。全句意谓泰山横跨齐鲁,青苍的山峦连绵不断。④造化:天地万物的主宰者。钟:聚集。全句是说大自然把神奇秀丽的美都集注于泰山。⑤阴:指山北。阳:指山南。割:分。全句是说泰山高大无比,遮天蔽日,致使同一时间,山南山北判若晨昏。⑥"荡胸"句:意谓山峦绵延,备极奇秀,使人胸襟为之廓清,一时间仿佛

觉得层云生于心胸,人与自然得以自由地交流。曾:同"层"。⑦决眦(zì):形容张大眼睛。眦,眼眶。入:收入眼底。全句意谓倘若登上绝顶,凝神远眺,当可目送飞鸟归林。以上四句皆为设想之辞。⑧凌:登上,一作"临"。⑨"一览"句:语出《孟子·尽心上》:"登泰山而小天下。"

兵车行[①]

杜　甫

车辚辚[②],马萧萧[③],行人弓箭各在腰[④]。耶娘妻子走相送[⑤],尘埃不见咸阳桥[⑥]。牵衣顿足拦道哭,哭声直上干云霄[⑦]。道旁过者问行人,行人但云点行频[⑧]。或从十五北防河[⑨],便至四十西营田[⑩]。去时里正与裹头[⑪],归来头白还戍边。边庭流血成海水,武皇开边意未已[⑫]。君不闻汉家山东二百州[⑬],千村万落生荆杞。纵有健妇把锄犁,禾生陇亩无东西[⑭]。况复秦兵耐苦战[⑮],被驱不异犬与鸡[⑯]。长者虽有问,役夫敢申恨[⑰]?且如今年冬,未休关西卒[⑱]。县官急索租[⑲],租税从何出?信知生男恶[⑳],反是生女好。生女犹得嫁比邻,生男埋没随百草。君不见青海头[㉑],古来白骨无人收。新鬼烦冤旧鬼哭,天阴雨湿声啾啾[㉒]。

[题解]

这是一首反对统治者穷兵黩武,为开拓疆土而进行无休止战争的政治诗,也是杜甫最早反映人民疾苦的作品。关于诗的背景,历来有进攻南诏(在今云南一带)和用兵吐蕃(今西北地区)两说。按诗意,似后一说较为合理。明朝单复曰:"此诗为明皇(玄宗)用兵吐蕃而作,故托汉武以讽,其辞可哀也。先言人哭,后言鬼哭,中言内郡凋敝,民不聊生,此安史之乱所由起也。"(《读杜诗愚得》卷一)全篇以七言为主而杂以三、五言,平、仄韵互用,造成一种与起伏的感情相对应的节奏。本诗通篇设为役夫问答之词，深得汉乐府之遗风遗韵。

[注释]

①本诗选自仇兆鳌《杜诗详注》卷二。②辚辚：车行声。③萧萧：马鸣声。④行人：行役之人，此指士兵。⑤耶娘：同“爷娘”。⑥咸阳桥：旧名便桥，在咸阳县西南十里，横跨渭水，为当日长安通往西北的要道。此句写行人与送者众多，致尘土大起，遮蔽视线。⑦干：冲。⑧点行(háng)：按照名册顺序抽丁入伍。⑨北防河：在黄河之北设防，以御吐蕃。⑩营田：唐时广为采用屯田制，将士驻边地，平日种田，战时作战。⑪里正：里长。唐制，百家为里，每里设一里正。与裹头：替他包头。古时以三尺黑罗为头巾。入伍新兵年龄太小，统一着装时竟不能自己包头，要里正帮忙。⑫武皇：即汉武帝刘彻，这里借指唐玄宗。开边：用武力往周边拓展疆土。⑬汉家：此指唐朝。山东二百州：唐代潼关以东有七道，共二百十七州，此举其约数。⑭“纵有”两句：丁壮出征，虽有妇女种田，但庄稼歪斜不成行列。⑮秦兵：指此次从秦地(陕西关中)应征的士兵。⑯“被驱”句：意谓秦地之兵能吃苦耐劳，持久作战，因而被征调得更频繁，犹如赶鸡撵狗。⑰敢申恨：哪敢尽情说出心头的怨恨。⑱休：停止征调。关西卒：指此次被征入伍的秦兵。一作“陇西卒”。⑲县官：官府。⑳信知：诚知，确知。㉑青海头：即青海湖边。原为吐谷浑之地。唐高宗时为吐蕃所占。此后数十年间，唐朝与吐蕃交战，大多在此一带进行。㉒啾啾：古人想象中鬼的呜咽声。

登高

杜甫

风急天高猿啸哀①，渚清沙白鸟飞回②。无边落木萧萧下，不尽长江滚滚来。

万里悲秋常作客，百年多病独登台。艰难苦恨繁霜鬓③，潦倒新停浊酒杯④。

［题解］

唐代宗大历二年(767 年)，杜甫流寓夔州(今长江三峡一带)，九九重阳节登高而作此诗。前四句写江边秋景，气势雄浑，境界壮阔，已成千古绝唱。后四句写触景伤怀，低沉郁闷之情尽显。用此七律对比其年轻时所作的五律《望岳》，尽知其沧桑人生。

［注释］

①猿啸哀：谚云："巴东三峡巫峡长，猿鸣三声泪沾裳。"(《水经 · 江水注》)巫峡多猿，啼声凄厉。②渚：江中小洲。③霜鬓：指白发。④新停：指暂停饮酒。因潦倒而止酒。

春夜喜雨①

杜　甫

好雨知时节，当春乃发生。随风潜入夜②，润物细无声。野径云俱黑③，江船火独明。晓看红湿处④，花重锦官城⑤。

［题解］

这首诗是肃宗上元二年(761)春，杜甫在成都草堂所作。此前，诗人一直流离颠沛，四处奔波，现在终于盼来了安定的环境和生活，诗人感到由衷的快意。带着这种轻松的心情，他状写锦官城春夜细雨及雨后春意盎然的景致，在细腻刻画之余，透露出难以掩抑的欣悦之情。

[注释]

①本诗选自仇兆鳌《杜诗详注》卷十。②“随风”句：写春雨在夜里随风悄悄降下。③“野径”句：是写天上阴云密布，星光全无，故野外小径一片昏暗。④红湿处：指花经雨后更加红润。⑤花重：花因经雨润湿，显得更饱满。锦官城，成都的别称。

闻官军收河南河北①

杜 甫

剑外忽传收蓟北②，初闻涕泪满衣裳。却看妻子愁何在③？漫卷诗书喜欲狂④。白日放歌须纵酒⑤，青春作伴好还乡⑥。即从巴峡穿巫峡⑦，便下襄阳向洛阳。

[题解]

这首诗作于代宗广德元年(763)。上一年冬，唐王朝军队由陕州总反攻，相继收复洛阳、河阳等地，叛军将领纷纷纳地投降。不久，史朝义(史思明之子)兵败自杀，至此，延续七年零三个月的安史之乱终告结束。杜甫在梓州(今四川三台)听到这一消息，万分欣喜，挥毫写下了这首诗。感情之奔放，节奏之明快，在杜诗中是不多见的。

[注释]

①本诗选自仇兆鳌《杜诗详注》卷十一。②剑外：四川剑门关以南的地方，也称剑南，这里指蜀地。蓟(jì)北：泛指河北北部地区，即叛军根据地范阳一带。③却看：回头看。④漫卷：胡乱地卷起来。⑤白日：一作“白首”。⑥“青春”句：意

谓有春天美景作伴，旅途当不会寂寞。⑦巴峡：指嘉陵江峡。巫峡：指巴峡以东瞿塘峡、西陵峡、巫峡三峡。因三峡中巫峡最大，故举以概三峡。

旅夜书怀①

杜　甫

细草微风岸，危樯独夜舟②。星垂平野阔③，月涌大江流④。名岂文章著⑤？官应老病休⑥。飘飘何所似，天地一沙鸥。

[题解]

代宗永泰元年(765)五月，杜甫携家离开成都草堂，乘船东下，经渝州(今四川巴县)、忠州(今四川忠县)，九月抵达云安(今四川云阳)。此诗写于舟经忠州一带的旅途中。诗的前半部分写景，后半部分述情，情既由景发，景又足以喻情。天高地厚，山长水阔，老病飘游的诗人处其间，其孑然无所归依的愁惘可想而知。故景虽雄阔，意却萧索，相反相衬，更见深沉浑厚。

[注释]

①本诗选自仇兆鳌《杜诗详注》卷十四。②危：高。樯：桅杆。③"星垂"句：极言原野的平阔，夜幕覆盖四边，星星远望如挂。④"月涌"句：意为大江奔流不止，月影随江水翻滚，闪动如涌。⑤"名岂"句：说自己诗文虽佳，哪里曾为世所推重。⑥"官应"句：说自己年老多病，应该退休。按杜甫前任左拾遗遭贬，此次在严武幕中辞去节度参谋、工部员外郎之职，均非由于老病。故这里所谓"应休"，与前句一样，是愤激之语。应：一作"因"。

江南逢李龟年[①]

杜　甫

岐王宅里寻常见②，崔九堂前几度闻③。正是江南好风景，落花时节又逢君④。

[题解]

李龟年是一位深得唐玄宗宠爱的梨园乐工，擅长唱歌。杜甫少时，曾在东都洛阳听过他演唱。安史之乱起，乐工星散，龟年也流落到了江南一带。代宗大历五年(770)，杜甫在潭州(今湖南长沙)不期与他相遇，抚今追昔，世事之离乱，人情之聚散，一起涌上心头，遂写下这首著名的绝句。全篇用语看似平简，言外之情，却深沉而又抑郁。

[注释]

①本诗选自仇兆鳌《杜诗详注》卷二十三。②岐王：唐玄宗之弟李范。寻常：这里指经常。③崔九：即殿中监崔涤，排行第九。唐玄宗宠臣，常出入禁中。④落花时节：言春末，兼有隐指彼此均已衰老之意。

白雪歌送武判官归京[①]

岑　参

北风卷地白草折②，胡天八月即飞雪。忽如一夜春风来③，千树万树梨花开④。散入珠帘湿罗幕，狐裘不暖锦衾薄。将军角弓不得控⑤，都护铁衣冷难着⑥。瀚海阑干百尺冰⑦，愁云惨淡万里凝。中军置酒饮归客⑧，胡琴琵琶与羌笛⑨。纷纷暮雪下辕门⑩，风掣红旗冻不翻⑪。轮台东门送君去，去时雪满天山路。山回路转不见君，雪上空留马行处。

[作者介绍]

岑参(715—770)，唐代诗人。荆州江陵(今湖北江陵)人。出生于没落贵族世家，早年孤苦。天宝三载登进士第。任右率府兵曹参军。天宝间曾两度从军，来往于安西(今新疆库车)、北庭(今新疆吉木萨尔)间，任安西节度使府掌书记及安西、北庭节度判官。最后官至嘉州刺史，人称“岑嘉州”。晚年依山南、剑南副元帅兼东都留守杜鸿渐，后客死成都。岑参历任戎幕，久处边陲，故所作边塞诗内容充实，风格豪纵奇峭，其设想之奇特丰富、笔致之变化无端，更高出同时代人，是盛唐时杰出的边塞诗人。著作有《岑嘉州集》。

[题解]

这是岑参任安西、北庭节度判官时所作的一首赠别诗。武判官：名不详，或为岑参前任，时将归京，岑参在军中设宴为之送行。全诗不以絮语叙同道惜别之情，唯取眼前漫天飞雪的边地壮丽景色，似有让武氏记取这一段从军生涯以砥砺志趣的意思。景色之开阔壮丽，正与诗人和友人恢廓胸襟相应合。由于情志相合，末句的惜别之意才显得更深沉和真挚。诗歌状写雪景，由外及内，再由幕府内而及辕门外，极尽变化而有层次，可谓独具匠心。至于“忽如一夜春风来，千树万树梨花开”，更成为千古传诵的名句。

[注释]

①本诗选自陈铁民、侯忠义《岑参集校注》卷二。②白草：西北地区所产之草，干枯时成白色，为马、牛所嗜。③忽如：一作“忽然”。④梨花：此处状雪，以其

色白。⑤角弓：以兽角为饰的硬弓。不得控：拉不开。⑥都护：镇守边地的长官。唐时置六都护府，各设大都护一名。此处都护与上句将军均属泛指。⑦瀚海：指大沙漠。或以为岑诗所谓瀚海均指天山雪峰，可备一说。阑干：纵横貌。百尺：一作“百丈”。⑧中军：本指主帅亲自率领的部队，与左、右两军并举。此借指主帅所住的营帐。⑨“胡琴”句：意为用胡琴等乐器奏乐助兴。⑩辕门：军营的门。古代行军扎营时，用车环卫，出入处以两车车辕相对竖起，对立如门。⑪掣：牵拽。

逢入京使①

岑参

故园东望路漫漫②，双袖龙钟泪不干③。马上相逢无纸笔，凭君传语报平安。

[题解]

唐玄宗天宝八年(749)，安西四镇节度使高仙芝入朝，奏调岑参为右威卫录事参军，充节度使府掌书记。本诗就作于此次赴安西(今新疆库车)途中。情感流露自然中见真挚，结构安排平易中显巧思，是绝句中的佳作。

[注释]

①本诗选自陈铁民、侯忠义《岑参集校注》卷二。②故园：指长安。岑参别业在长安的杜陵山中。漫漫：长远的样子。③龙钟：同“泷冻”，沾湿。

枫桥夜泊[①]

张　继

月落乌啼霜满天，江枫渔火对愁眠②。姑苏城外寒山寺③，夜半钟声到客船④。

[作者介绍]

张继（生卒年不详），唐代诗人。字懿孙，襄州（今湖北襄阳）人。天宝十二年（753）进士。曾佐戎幕，为御史。大历间，以检校祠部员外郎分掌财赋于洪州（今江西南昌），后死于该地。诗风爽利，不事雕琢，部分作品颇有道风禅味。著有《张祠部集》。

[题解]

安史之乱起，张继避地吴中，此诗当作于该时。诗写江南水乡秋夜的岑寂清冷，以及在此清寂秋夜里客子的孤独愁绪，景致简淡，意境高古。张继存诗不多，独此诗流传人口。

[注释]

①本诗选自《全唐诗》卷二四二。枫桥：在今苏州城西。②江枫：水边的枫树。此句意谓在外旅居之人心情愁闷，独对着江枫渔火辗转难眠。③姑苏：苏州的别称，因西南有姑苏山而得名。寒山寺：相传因唐僧寒山、拾得住此而得名。④夜半句，当时僧寺有夜半敲钟的习惯，也叫“无常钟”。

寒食[①]

韩　翃

春城无处不飞花，寒食东风御柳斜[②]。日暮汉宫传蜡烛[③]，轻烟散入五侯家[④]。

[作者介绍]

韩翃(hóng)(生卒年不详)，字君平，南阳(今河南沁阳附近)人。大历十才子之一，天宝末进士。曾两为节度使幕僚，德宗时以驾部郎中知制诰。官终中书舍人。

[题解]

本诗描绘寒食节长安城风光，寓讥刺于平叙之中，语优柔委婉而意自庄激。首句语出天然，在当时即为人传称。据孟棨《本事诗》载，德宗因此诗擢其为知制诰。

[注释]

①本诗选自《全唐诗》卷二四五。题一作《寒食日即事》。寒食，节令名，清明前一天或两天。相传起于晋文公为纪念介之推焚山时抱木而死，因而禁火，俗称寒食节。实则无据。②御柳：宫苑中的杨柳。③传：依次递送，因为寒食禁火，也即不能燃烛，但对宠幸人家，却特许赐以蜡烛。汉宫，实指唐宫。④五侯：指当权的宦官。东汉桓帝时，有宦官单超等五人同日封侯，世称五侯。此句承前意，谓百姓一律禁火，夜间不得燃烛；而豪门权贵却能得皇帝格外开恩，传下蜡烛，照点

不误。这里比喻肃宗、代宗以来恃宠弄权的宦官。

春怨[①]

金昌绪

打起黄莺儿②，莫教枝上啼。啼时惊妾梦③，不得到辽西④。

[作者介绍]

金昌绪(生卒年不详)，玄宗时余杭(今属浙江)人。《全唐诗》录诗一首。

[题解]

本诗是作者唯一留存下来的作品，写闺中少妇思念夫君的情形。打去黄莺，为的是让自己能在与夫君团圆的好梦中多停留一会儿，这种刻骨铭心的相思，足以感动千载以来的读者。诗歌语言平易而不失含蓄之韵致，"中间增一字不得，着一意不得……无余法而有余味"(王世贞《艺苑卮言》卷四)，虽只一首，足以传世。

[注释]

①本诗选自《全唐诗》卷七六八。题一作《伊州歌》。《伊州歌》与《凉州曲》一样，都是以地方声调作歌曲之名。作为唐时乐府曲调，它来自西域，玄宗时由西凉府都督盖嘉运进闻。②打起：一作"打却"。儿：古音读"倪"。③啼时：一作"几回"。妾：古时妇女自称。④辽西：此处用指征人边戍之地。

淮上喜会梁州故人[①]

韦应物

江汉曾为客，相逢每醉还。浮云一别后②。流水十年间③。欢笑情如旧，萧疏鬓已斑。何因不归去？淮上有秋山④。

[作者介绍]

韦应物(737—790?)，京兆长安人(今陕西省西安市人)。少年时，以三卫郎侍玄宗，放浪不检。后来悔悟，折节读书。建中年间出任滁州、江州刺史，后转左司郎中，贞元初任苏州刺史，世称韦苏州。他以写田园山水著名，部分作品对安史之乱后社会乱离、人民疾苦的情况有所反映。其诗语言简淡，绝去雕饰，而风格秀朗，气韵澄澈。有《韦苏州集》十卷。

[题解]

描写久别重逢梁州故人的欣喜和自伤羁旅的感慨。此诗以浮云喻人生的飘浮无定，以流水喻年华的流逝，不言悲而悲情在，多少人世沧桑都包容其中，显得意境空灵。全诗结构严密，抒写曲折，笔法跌宕，读后令人回肠荡气。

[注释]

①本诗选自四部丛刊本《韦苏州集》卷一。淮上：今江苏淮阴一带。梁州：一作梁川。战国时魏都大梁，今为河南开封。②浮云：李陵《与苏武诗三首》有"仰视浮云驰，奄忽互相逾"句，后人以浮云表示飘浮不定。③流水：苏武《诗四首》有"俯观江汉流，仰视浮云翔"句，后人以流水表示年华易逝。④"何因"两句：写故

人归去，而自己犹逗留淮上，欲归无计的感慨。

滁州西涧[1]

韦应物

独怜幽草涧边生[2]，上有黄鹂深树鸣[3]。春潮带雨晚来急，野渡无人舟自横。

[题解]

此诗作于韦应物滁州刺史任上。西涧在滁州城西，作者常去那里游息，不止一次在诗中提到此地。诗写春雨潇潇中西涧幽静而又充满生意的景致，笔调清丽。意境之美，更为后人传诵、化用。滁州的西涧并非一处名胜，这首诗却成为名篇。

[注释]

①本诗选自四部丛刊本《韦苏州集》卷八。②独怜：偏爱。③黄鹂：即黄莺。深树：树丛中。

游子吟[1]

孟　郊

慈母手中线，游子身上衣。临行密密缝，意恐迟迟归。谁言寸草心[2]，报得三春晖[3]！

[作者介绍]

孟郊(751—814),字东野,湖州武康(今浙江武康县)人。早年屡试不第,四十六岁才中进士,五十岁始作溧阳尉。后来辞官,到五十六岁才作河南水陆转运从事、试协律郎等小官,贫寒至死。他的诗,极为韩愈所推重。后人并称“韩孟”,苏轼则谓“郊寒岛瘦”。所作多为五言古体,表现力特强,词意透辟,而气度恢宏不足。乐府诗朴质自然。惟遭遇困穷,抒情悲苦,读之使人惨戚无欢,元好问曾称之为“诗囚”。有《孟东野集》十卷。

[题解]

德宗贞元十六年(800),时任溧阳尉的孟郊,迎其母于任所,并作此诗,对母爱作了热情的赞颂。末句感情真挚,比喻形象,向来为人传诵。吟,诗体的名称。

[注释]

①本诗选自四部丛刊本《孟东野诗集》卷一。②寸草心:小草嫩心,其性向阳,正如子女心向慈母,故用以比喻。③三春晖:春天共三个月,是为三春。春天阳光温煦宜人,正如母爱。

登科后①

孟郊

昔日龌龊不足夸②,今朝放荡思无涯③。春风得意马蹄疾,一日看尽长安花。

[题解]

公元796年,诗人在四十六岁时进士及第,欣喜若狂。诗人功名心切,曾两次试考两次落第，今日金榜题名，喜出望外，郁积已久的情感闸门被冲开了，涛翻浪涌的诗情涌上心头。这首神采飞扬之情溢于言表的诗就是诗人心态的真实反映。三、四两句历来被人们所称道和传诵，“春风得意”“走马观花”这两个成语就源于此诗。诗风明朗畅达，描绘鲜明生动。

[注释]

①本诗选自四部丛刊本《孟东野诗集》卷三。②龌龊：指窝囊，不得志。③放荡：无所拘束，旷荡放达。

羽林行[①]

王　建

长安恶少出名字②，楼下劫商楼上醉。天明下直明光宫③，散入五陵松柏中④。百回杀人身合死⑤，赦书尚有收城功⑥。九衢一日消息定⑦，乡吏籍中重改姓⑧。出来依旧属羽林，立在殿前射飞禽⑨。

[作者介绍]

王建（约767—约830），唐代诗人。字仲初，颍川（今河南许昌）人，大历十年（755）进士，历任县丞、秘书郎、侍御史。大和（827—835）中，出任陕州司马。乐府与张籍齐名，世称“张王乐府”。有《王司马集》。《全唐诗》存其诗六卷。

[题解]

这是一首讽喻诗。汉乐府有《羽林郎》，为辛延年作辞讥讽一个调戏酒家女而遭拒绝的禁卫军官。后世的《羽林行》等乐府诗，大多由此化出，与本诗的旨趣大致相同。唐代有左右羽林军，军官大都为勋戚子弟或与当道者有关系的人。他们是皇帝的亲信爪牙，仗着特权，横行不法，却每每受到包庇纵容，逃避法律的制裁。作者在诗中对这种现象痛加揭露，愤怒直斥，其矛头直指纵恶养奸、昏庸腐败的最高统治者。

［注释］

①本诗选自《全唐诗》卷二九八。②出名字：即出名，恶名远扬。③下直：即下班，羽林军要参加宿卫值班。明光宫：汉代宫殿名，此借指唐宫。④“散入”句：五陵在长安近郊，地多松柏，附近又多富人宅第，正是恶少从事杀人越货勾当的好地方。⑤合死：该死。杀人越货按律应治以死罪。⑥赦书：皇帝颁发的赦罪文书。收城功：收复边城时立有功勋。意为可将功折罪。古时战役多虚报战果，而且在叙录战功时，边将和中央经办部门还可把一大批根本没参加战争的人的姓名开列进去，邀功冒赏。诗中暗示这些羽林军和各方面都有勾结。⑦九衢：长安城中的各条街道，此指长安城。消息定：赦罪的消息已公布证实。⑧“乡吏”句：唐代户籍由地方官吏掌管，作为征发赋役的依据。犯罪的羽林军得赦后，便改名换姓，重登户籍，以后又可从军，再入羽林。⑨“立在”句：以前是在宫前值班，现在能在殿前射鸟，说明他受到皇帝更大的宠信。

早春呈水部张十八员外[①]

韩　愈

天街小雨润如酥②，草色遥看近却无③。最是一年春好处，绝胜烟柳满皇都④。

[作者介绍]

韩愈(768—824),唐代文学家、哲学家。字退之,河南河阳(今河南孟县)人。祖籍昌黎,世称韩昌黎。贞元八年(792)登进士第,贞元末任监察御史。因触怒权臣,被贬为阳山令。赦还后任国子监博士,从裴度征讨淮西吴元济有功,升刑部侍郎。又因谏阻宪宗迎佛骨,贬潮州刺史。后官至吏部侍郎。卒谥文,故世称韩吏部、韩文公。他反对六朝以来骈俪文风,提倡散文务去陈言,是古文运动的倡导者。诗作内容广泛,多反映现实、抨击时弊之作。风格以奇险见长,沉雄博大,且擅古文入诗,为唐诗再开一径,影响及于宋以后各代,著作有《昌黎先生集》。

[题解]

此诗作于穆宗长庆三年(823),时韩愈在吏部侍郎任上。本题有二首,此为其一。诗写长安早春景象,可谓观察入微,特别是"草色遥看近却无"一句,写冬后新萌的细草,十分传神。

[注释]

①本诗选自钱仲联《韩昌黎诗系年集释》卷十二,张水部:即张籍,排行十八。②天街:皇城的街道。酥:酥油。这里形容细细微雨滑润无比。③"草色"句:是说新草初萌,远看青青一片,近看却还比较稀疏,似有若无。④绝胜:远远超过。

题都城南庄①

崔护

去年今日此门中,人面桃花相映红。人面不知何处去,桃花依旧笑春风②。

[作者介绍]

崔护(772—846),唐代诗人。字殷功,博陵(今河北定县)人。贞元十二年(796)进士。历官京兆尹、御史大夫、岭南节度使。《全唐诗》存诗六首。

[题解]

本诗似作于崔护及第之前。抒写一段情事,诗中寄寓物是人非的伤感。唐孟棨《本事诗》以为实事,似不足信。都城,即唐京城长安。

[注释]

①本诗选自《全唐诗》卷三六八。②笑:唐时口语称花开为笑。这里兼指桃花在春风中摇曳生姿。

题破山寺后禅院[1]

常 建

清晨入古寺,初日照高林。曲径通幽处,禅房花木深。山光悦鸟性,潭影空人心。万籁此俱寂[2],但馀钟磬音[3]。

[作者介绍]

常建(生卒年不详),长安(今陕西西安)人。开元十五年进士,曾任盱眙尉。天宝中寓居鄂州。一生不得志,常游览名山以自娱。长于五言诗,诗境淡泊。

[题解]

破山在今江苏常熟,寺指兴福寺,南齐时改建,到唐代已属古寺。这首诗题咏的是佛寺禅院，抒发的是寄情山水的隐逸胸怀，从晨游山寺起而以赞美超脱作结，朴实地写景抒情，而意在言外。构思巧妙，意境浑融，是盛唐山水诗中独具一格的名篇。宋代欧阳修十分喜爱“曲径”两句，说“欲效其语作一联，久不可得，乃知造意者为难工也”。

[注释]

①破山寺：又称兴福寺。在今江苏常熟。②万籁：自然界的一切声响。③钟磬：指寺院中斋佛所击乐器。

逢雪宿芙蓉山主人

刘长卿

日暮苍山远，天寒白屋贫。柴门闻犬吠，风雪夜归人。

[作者介绍]

刘长卿(709? —780?)，字文房，河间(现在河北省河间县)人。曾做过随州刺史。他擅长写五言诗，在当时诗坛上很有名。他的诗，字句洗炼，技巧纯熟，但内容多描写个人生活和自然风景，反映社会现实的作品不多。

[题解]

这首诗描绘了一个冬天的夜晚，诗人在旅途中遇上了大风雪，投宿于芙蓉山的一户人家。寥寥几笔，把山家生活的贫困和风雪之夜突然找到投宿处的喜悦心情，都写得非常生动。

野老歌[1]

张 籍

老翁家贫在山住，耕种山田三四亩。苗疏税多不得食，输入官仓化为土。岁暮锄犁傍空室[2]，呼儿登山收橡实。西江贾客珠百斛[3]，船中养犬长食肉[4]。

[作者介绍]

张籍(约768—约830)，唐诗人。字文昌，原籍吴郡(今江苏苏州)人，寄居和州(今安徽和县)，贞元进士。历任太常寺太祝、国子助教、水部郎中和国子司业等职，世称"张水部""张司业"。曾从学于韩愈，并与白居易相友善。擅长乐府诗，用口语白描记事述情，与王建的新乐府诗并称"张王乐府"。著有《张司业集》。

[题解]

中唐以来，各种社会矛盾日趋尖锐，商人与封建统治势力相勾结，肆意盘剥农民，使得都市与乡村间贫富严重不均。本诗将这一现实矛盾予以真实的揭露，语虽极平淡，但情极沉痛，具有巨大的艺术感染力。

[注释]

①本诗选自四部丛刊本《张司业集》卷一。题一作《山农词》。野老：山野老农。②"岁暮"句：是说年终收获输官后，老农变得一无所有，只剩下农具倚靠在空空如也的屋里。傍，一作"倚"。③西江：今江西九江一带。商业繁荣之处，唐时属江南西道，故名。斛：古代量器名，也是容量单位。宋代以前以十斗为一斛，南宋末改为五斗。④食(sì)：同"饲"。

竹枝词[1]

刘禹锡

杨柳青青江水平，闻郎江上唱歌声②。东边日出西边雨，道是无晴却有晴③。

[作者介绍]

刘禹锡(772—842)，唐代文学家、哲学家。字梦得，洛阳(今属河南)人。贞元九年(793)进士，又登博学宏词科，官监察御史。因参加主张革新政治的王叔文集团而遭贬斥，后历任司马、刺史、主客郎中、太子宾客等职，官终检校礼部尚书，人称刘宾客、刘尚书。早年与柳宗元为文章之友，称“刘柳”；晚年与白居易为诗友，并号“刘白”。其诗格律精切，风调自然，仿民歌所作的《竹枝词》真率活泼，为唐诗中一新体裁。著作有《刘梦得文集》。

[题解]

竹枝词是巴渝(今四川重庆一带)民歌的一种，歌词杂咏当地风物和男女爱情，具有浓厚的生活气息和明快流畅的节奏。穆宗长庆二年(822)，时任夔州刺史的刘禹锡仿作《竹枝词》，现存十一首，分为两组，一组九首，一组两首。本篇是两首中的第一首，用民歌中常用的双关隐语，极其生动地表现了恋爱中少女复杂微妙的感情变化。明谢榛称其“措词流丽，酷似六朝”(《四溟诗话》卷二)。

[注释]

①本诗选自卞孝萱校订《刘禹锡集》卷二十七。②唱：一作“踏”，言边走边

唱,以脚踏地为节拍。③“道是”句:句中“无晴”“有晴”,是“无情”“有情”的同音双关语,以字面意义与第三句相接,又以真实寓意与第二句“唱歌声”相应,表达了对对方既有迷恋又觉得最终不能把握的复杂心态。却:又作“还”。

酬乐天扬州初逢席上见赠①

刘禹锡

巴山楚水凄凉地②,二十三年弃置身③。怀旧空吟闻笛赋④,到乡翻似烂柯人⑤。沉舟侧畔千帆过,病树前头万木春⑥。今日听君歌一曲⑦,暂凭杯酒长精神⑧。

[题解]

敬宗宝历二年(826)冬,刘禹锡从和州刺史任所被征还京,在扬州(今属江苏)与诗人白居易相遇。白作《醉赠刘二十八使君》以赠,他遂以此诗作答。诗中对自己数十年来的坎坷命运并人世变化,有深深的感慨。情虽抑郁,但豁达豪迈之气,仍可从字里行间见出。

[注释]

①本诗选自卞孝萱校订《刘禹锡集》卷四十六。②巴山楚水:古时四川东部属巴国,湖南、安徽属楚国。刘禹锡曾被贬为朗州(今湖南常德一带)司马、夔州(今四川奉节一带)刺史。此用“巴山”“楚水”概括作者被贬所到之地。③二十三年:作者自宪宗永贞元年(805)被贬出京后,到此已历二十二年,预计回京师要跨进第二十三个年头,故云。弃置:抛弃,放下。此指被贬谪。④闻笛赋:指晋初向秀所作的《思旧赋》。三国曹魏末年,向秀的朋友嵇康、吕安因不满司马氏篡魏而

遭杀害。后来,向秀经过嵇、吕旧居,听到邻人吹笛,勾引起对故友的怀念,便写了《思旧赋》来追念他们。此句借用此典表示对已去世的王叔文、柳宗元等人的怀念。⑤翻似:反似,倒好像。烂柯人:相传晋人王质进山打柴,见二童子下棋,看到局终,手中的斧柄(柯)竟已朽烂。下山回到村里,才知已过去一百年,同时代人均已亡故(见任昉《述异记》)。作者用此典故,表达自己被贬二十多年,不禁有人事全非、恍若隔世之感。⑥"沉舟"两句:白居易赠作者诗中,有"举眼风光长寂寞,满朝官职独蹉跎"之语,作者以此作答。他用"病树"及"沉舟"自比,认为自己的困顿沉滞不算什么,新陈代谢,乃一切事物发展的必然。⑦君:指白居易。⑧"暂凭"句:白诗有"为我引杯添酒饮,与君把箸击盘歌",故作者以此作答。长精神:指振作、抖擞一下精神。

金陵五题·石头城①

刘禹锡

山围故国周遭在②,潮打空城寂寞回③。淮水东边旧时月④,夜深还过女墙来⑤。

[题解]

此诗是《金陵五题》之一,作于长庆四年(824)至宝历二年(826)间,时作者在和州刺史任上。作者感于昔日繁华的石头城如今萧条冷落,不禁生出一种深刻的今昔之感。白居易读此诗,赞以"吾知后之诗人不复措辞矣"。

[注释]

①本诗选自卞孝萱校订《刘禹锡集》卷二十四。②故国:即旧日的都城。

③空城：石头城虽是六朝故都，但自唐高祖武德九年(626)起开始废弃，至作者作此诗时已历二百年，故云。④淮水：指秦淮河。⑤女墙：城墙上呈凹凸形的矮墙。这两句谓曾照过昔日繁华的石头城的月光，依然从东边照到西边。寓江山依旧、人事全非之意。

金陵五题·乌衣巷①

刘禹锡

朱雀桥边野草花②，乌衣巷口夕阳斜。旧时王谢堂前燕，飞入寻常百姓家③。

[题解]

此诗是《金陵五题》之二。乌衣巷，在秦淮河之南，三国吴戍守石头城军营所在地。兵士皆着乌衣，因以得名。晋室东迁后，权贵王导、谢安等的住宅均在此地，后成为著名的贵族集居地。诗写乌衣巷今昔变化，借燕子寻巢，极言这种变化之剧烈，用笔微曲，为千古传诵的名篇。

[注释]

①本诗选自卞孝萱校订《刘禹锡集》卷二十四。②朱雀桥：秦淮河上浮桥，东晋时所建，故址在今南京镇淮桥东。花：用作动词，意为开花。③“旧时”两句：谓王、谢等贵族的旧居早已倾圮，废墟上已建起平常百姓的房屋。燕子不识主人改易，依然来原处营巢。

再游玄都观[①]

刘禹锡

百亩庭中半是苔，桃花净尽菜花开[②]。种桃道士归何处[③]？前度刘郎今又来。

[题解]

诗前原有小引，叙述写作此诗的缘起。元和十年(815)，作者写了玄都观看花诗，因语涉讥刺，被贬出京。十四年后，也即太和二年(828)，重被召还，再游此观，写下这首诗。在这十四年中，皇帝换过三个，朝廷内部政治斗争却并未止息。作者写此旧题，是表明自己坚持原则、不愿苟合、不愿退让的决心。

[注释]

①本诗选自卞孝萱校订《刘禹锡集》卷二十四。②“百亩”两句：喻人事变迁之大。③种桃道士：借指当初打击王叔文集团、贬黜刘禹锡等人的当权者。归何处：指其中有些人已故世。

赋得古原草送别[①]

白居易

离离原上草[②]，一岁一枯荣[③]。野火烧不尽，春风吹又生。远芳侵古道[④]，晴翠接荒城⑤。又送王孙去⑥，萋萋满别情。

[作者介绍]

白居易(772—846)，唐代诗人。字乐天，晚号香山居士，又号醉吟先生，其先太原(今属山西)人，后迁居下邽(今陕西渭南)。贞元十六年(800)登进士第，授秘书省校书郎。元和元年(806)中才识兼茂明于体用科，历任盩厔(今陕西周至)尉、京兆府户曹参军、翰林学士和左拾遗等职。后因上表请严缉刺杀宰相武元衡的凶手，得罪当道，被贬为江州司马。长庆年间任杭州刺史、苏州刺史，官至刑部尚书。作为中唐新乐府运动的发起者，他主张为文应为时为事而作，反对“嘲风雪，弄花草”的无病呻吟。所作讽喻诗，较广泛地揭露了社会黑暗；一些长篇歌行、排律和流连光景的短篇，也多属上乘，为当时人所效仿，称为“元和体”。著作有《白氏长庆集》。

[题解]

唐张固《幽闲鼓吹》谓，白居易年青时曾携自己所作入京，拜谒成名诗人顾况。顾睹姓名，熟视后说：“长安米价方贵，居亦弗易。”说罢打开诗卷，才读了首篇，就大为赞赏，叹道：“能说得出这样话的，居就易矣。”因替他广为延誉，白居易诗名由此传遍长安。这首令顾况激赏的作品正是《赋得古原草送别》，相传作于他十六岁那年。诗用比兴手法，表达对友人的依依惜别之情。“野火烧不尽，春风吹又生”两句，描写春草盎然之生机，充满哲理，为千古传诵的名句。

[注释]

①本诗选自顾学颉校点《白居易集》卷十三。②离离：新苗细软的样子。③荣：返青。④远芳：形容草长得十分茂盛，铺向天际，兼言旷野之开阔。⑤晴翠：雨后显得更加嫩绿的草色。⑥王孙：此指自己的朋友。

新乐府·卖炭翁[①]

苦宫市也

白居易

卖炭翁，伐薪烧炭南山中。满面尘灰烟火色，两鬓苍苍十指黑。卖炭得钱何所营[②]？身上衣裳口中食。可怜身上衣正单，心忧炭贱愿天寒。夜来城外一尺雪，晓驾炭车碾冰辙。牛困人饥日已高，市南门外泥中歇[③]。翩翩两骑来是谁[④]？黄衣使者白衫儿[⑤]。手把文书口称敕[⑥]，回车叱牛牵向北[⑦]。一车炭，千余斤，宫使驱将惜不得[⑧]。半匹红纱一丈绫[⑨]，系向牛头充炭直[⑩]。

[题解]

本篇是组诗《新乐府》中第三十二首，题注云："苦宫市也。"意在抨击中唐以来皇室于市中公开掠夺民间财物的弊政。诗歌写卖炭老翁的遭遇，并通过对其心理活动的生动描写，揭露了宫市的不合理和官吏的罪恶。虽未著一己之断语，仍露出强烈的倾向性。

[注释]

①本诗选自顾学颉校点《白居易集》卷四。②营：经营。何所营：即作什么用。③"市南"句：写当时长安的商贩不敢进城，只得在城门外歇息。④翩翩：得意忘形的样子。⑤黄衣使者：指皇宫内的太监。白衫儿：指太监手下的爪牙"白望"。唐时，无品级的平民都穿白衫，"白望"则是一些市井恶少，专替宦官做眼线，看到中意的货物就告知宦官，只付很少的代价来强买。⑥口称敕：嘴里嚷着

说有皇帝的命令在。⑦牵向北：唐代长安东、西两市皆在皇城南，皇宫内苑在城北，所以叱牛车向北边去。⑧驱将：赶着走。⑨“半匹”句：唐代商品交易，锦帛等丝织品可代货币使用。太监给老翁半匹红纱一丈绫，是作为一车炭的报酬。⑩炭直：炭的价值。“直”通“值”。

钱塘湖春行①

白居易

孤山寺北贾亭西②，水面初平云脚低③。几处早莺争暖树，谁家新燕啄春泥。乱花渐欲迷人眼，浅草才能没马蹄。最爱湖东行不足，绿杨阴里白沙堤④。

[题解]

长庆三年(823)，白居易在杭州刺史任上，写了一些关于西湖的诗。本诗状景生动，格调明快，为其中名篇。清方东树称其“佳处在象中有兴，有人在，不比死句”(《昭昧詹言》卷一)。钱塘湖，即西湖。

[注释]

①本诗选自顾学颉校点《白居易集》卷二十。②孤山：在西湖里湖和外湖之间，和其他山不相连接，孤峰独秀，故名。贾亭：即贾公亭。贞元年间贾全任杭州刺史时所建。③云脚：古人称流荡不定，似在行进的云气为“云脚”。此句是说湖面开阔，往远处看，水面似与天齐。④白沙堤：又名十锦塘，在杭州西湖外，沿堤西行可抵孤山。曾被误传是白居易所筑。

悯农①

李绅

锄禾日当午，汗滴禾下土。谁知盘中餐②，粒粒皆辛苦。

[作者介绍]

李绅(772—846)，唐代诗人。字公垂，润州无锡(今属江苏)人。元和元年(806)进士。尝为润州观察使李奇从事，因不从其谋反被囚。历任校书郎、中书舍人、户部侍郎等职，武宗时拜相，后出为淮南节度使。与元稹、白居易相友善，是新乐府运动的参与者，作有《新题乐府》二十首，已佚。《全唐诗》录其诗一卷。

[题解]

这是诗人早年之作，真切反映了农民生活的艰苦，充满真挚的同情，言简意赅而又警策，当时就为吕温、齐煦等人所欣赏(见《唐诗纪事》卷三十九)。此诗题一作"古风"，原作两首，此为第二首。

[注释]

①选自《全唐诗》卷七九〇。②餐：一作"飧"。

江雪[①]

柳宗元

千山鸟飞绝,万径人踪灭。孤舟蓑笠翁[②],独钓寒江雪。

[作者介绍]

柳宗元(773—819),唐代文学家。字子厚,河东(今山西)人,人称柳河东。晚年贬为柳州(今广西省柳州市)刺史,故又称柳柳州。他与韩愈倡导古文运动,同被列入"唐宋八大家"。他也工诗,风格清峭。著有《柳河东集》。

[题解]

此诗系作者贬官永州时所作,是其五言绝句的代表作。诗写雪后鸟息人绝的空旷景致,而突出孤舟独钓的老翁形象,实有自我写照之意,故前人谓其"托此自高"(唐汝询《唐诗解》卷二十三)。

[注释]

①本诗选自影宋本《河东先生集》卷四十三。②蓑笠:蓑衣和斗笠。

行宫[①]

元 稹

寥落古行宫,宫花寂寞红[②]。白头宫女在,闲坐说玄宗。

[作者介绍]

元稹(779—831),唐代诗人。字微之,河南(今河南洛阳)人。与白居易齐名,时称"元白",但其诗内容的广度和深度都不及白居易。长诗《连昌宫词》最著名。著有《元氏长庆集》。

[题解]

本诗作于元和四年(809),时元稹在东都洛阳任监察御史。诗写洛阳行宫的凄清与宫女无以排遣闲愁的情状,用语简而隐曲,虽未充分展开,但无限幽怨,无限感慨,尽在不言之中。明瞿佑《归田诗话》谓:"《长恨歌》一百二十句,读者不厌其长;微之《行宫》词才四句,读者不觉其短,文章之妙也。"潘德舆《养一斋诗话》更称其"足赅《连昌宫词》六百余字,尤为妙境"。高步瀛曰:"白乐天《新乐府》有《上阳白发人》,此诗'白头宫女'当即上阳宫女也,上阳宫在洛阳为离宫,故曰行宫。"(《唐宋诗举要》卷八)

[注释]

①本诗选自冀勒点校《元稹集》卷十五。②"寥落"两句:言行宫荒废冷落,宫中花自开自落,无人赏玩,故言"寂寞红"。

离思[①]

元稹

曾经沧海难为水[②],除却巫山不是云[③]。取次花丛懒回顾[④],半缘修道半缘君[⑤]。

[题解]

此诗是元和五年(810)元稹为悼念亡妻韦丛而作。全篇平浅如话,然对妻子真挚不渝的爱意,经他写来,却有震撼人心的感染力。起首两句尤为有名,千载之下,犹传诵人口。

[注释]

①本诗选自《元稹集·外集》卷一。此题共五首,此为第四首。②"曾经"句:语出《孟子·尽心》:"观于海者难为水,游于圣人之门者难为言。"③巫山:在四川境内,为巴山山脉之高峰。相传山上有神女,"旦为朝云,暮为行雨"。④取次:挨次,次第。此句是说走在花丛中间却懒得欣赏(暗寓不喜女色之意)。⑤"半缘"句:谓一半是由于自己的道德修养,一半是由对妻子的追念所致。

闻乐天授江州司马[1]

元 稹

残灯无焰影幢幢②,此夕闻君谪九江。垂死病中惊坐起,暗风吹雨入寒窗③。

[题解]

宪宗元和十年(815),元稹出为通州司马,病中得知友人白居易因上书言事,被贬为江州司马。推己及人,不由得感叹万千。本诗表现了作者对友人的真挚关怀。白居易收到此诗后,深为感动,感慨道:"此句他人尚不可闻,况仆心哉!至今每吟,犹恻恻耳。"(《与微之书》)

[注释]

①本诗选自冀勤点校《元稹集》卷二十。②焰:火苗。影憧(chuáng)憧(chuáng):灯影摇曳不定的样子。③暗风:犹言阴风。

剑客[①]

贾 岛

十年[②]磨一剑,霜刃[③]未曾试。今日把示君,谁有不平事?

[作者介绍]

贾岛(779—843),唐代诗人。字阆仙,范阳(今北京附近)人。曾为僧,名无本。后以诗文投谒韩愈,并随入长安。返俗后应举不第。曾任遂州长江主簿,世称贾长江。后迁普州司仓参军,卒于任所。作诗喜以简淡寒苦之辞,写荒凉枯寂之境,用语力求工巧,格调生新瘦硬,尤长五律。不但开晚唐尖新深僻一派诗风,即对宋代诗人也颇有影响。著作有《长江集》。

[题解]

唐代诗人多有反映游侠、剑客生活的诗作。作者此篇却别出机杼,不具体描写剑客的气度风采,而以剑写人,刻画出剑客跃跃欲试的勃勃豪气。作者以剑客自喻,以剑比喻自己的才能,寄寓着急欲施展才能的远大抱负。

[注释]

①本诗选自李嘉言《长江集新校》卷一。②十年:此为虚指,意即多年。③霜刃:形容剑很锋利,刀刃闪烁着寒光。

题李凝幽居[1]

贾 岛

闲居少邻并②，草径入荒园。鸟宿池边树，僧敲月下门③。过桥分野色，移石动云根④。暂去还来此，幽期不负言。

[题解]

本诗是作者赴京应试时所作。写友人居地的清幽寂静，因地处僻远，故少俗人。所谓桥分野色、石动云根，与鸟宿池树、僧敲柴门，均在渲染这一点。全篇用语刻意求工，传说韩愈读后遂与之定交（见《鉴诫录》卷八）。王夫之则批评“形容酷似，何尝毫发关心”（《薑斋诗话》卷下），责之不免太过。应该说，诗写友人居地之幽僻，于渲染环境和暗衬主人趣味方面，多有顾及，并非一味求工而不关性情。

[注释]

①本诗选自李嘉言《长江集新校》卷四。②少邻并：旁无邻居共处。③“鸟宿”两句：《唐诗纪事》卷四十：“岛赴举至京，骑驴赋诗，得‘僧敲月下门’之句，欲改‘推’为‘敲’，引手作推敲之势。未决，不觉冲大尹韩愈，乃具言。愈曰：‘敲字佳矣’，遂并辔论诗久之。”④“移石”句：是说石在山穴上，移去石块，云气便从穴中涌出。

寻隐者不遇[①]

贾 岛

松下问童子，言师采药去。只在此山中，云深不知处[②]。

[题解]

此诗写隐者来去无踪、如闲云野鹤般的生涯。寥寥数语，却在直叙中含有婉曲之情致，字面下包容了无尽的韵味。

[注释]

①本诗选自《文苑英华》卷二二八。一作孙革《访羊尊师》。②处：指行踪。

闺意献张水部[①]

朱庆馀

洞房昨夜停红烛[②]，待晓堂前拜舅姑[③]。妆罢低声问夫婿，画眉深浅入时无[④]。

[作者介绍]

朱庆馀，唐代诗人。越州（今浙江绍兴）人。宝历进士，官秘书省校书郎。其诗辞意清新，描写细致，为张籍所赏识，内容则多写个人日常生活。有《朱庆馀诗集》。

[题解]

本诗作于敬宗宝历二年(826),时作者将应试,以此诗献给成名诗人张籍,期其有以揄扬。诗将张籍比作新郎,考官比作公婆,自己则比作新娘,将新娘妩媚而不失矜庄的风姿描摹得栩栩如生,令张籍大为赞叹,欣然以“越女新妆出镜心,自知明艳更沉吟。齐纨未足人间贵,一曲菱歌敌万金”相答,作者诗名由此播于海内(见《云溪友议》卷下)。

[注释]

①本诗选自《全唐诗》卷五一五。题一作《近试上张籍水部》。张水部:指曾官水部郎中的诗人张籍。②停红烛:指整夜都点着蜡烛。停:安置之意。③舅姑:公婆。④入时无:是否合时宜。这里借喻文章是否合式。

咸阳城东楼①

许　浑

一上高城万里愁,蒹葭杨柳似汀洲②。溪云初起日沉阁③,山雨欲来风满楼。鸟下绿芜秦苑夕④,蝉鸣黄叶汉宫秋。行人莫问当年事⑤,故国东来渭水流⑥。

[作者介绍]

许浑(约788—858),唐代诗人。字用晦,一作仲晦,润州丹阳(今属江苏)人。文宗大和六年(832)进士。曾任当涂、太平县令,监察御史,润州司马,官至睦、郢二州刺史。性爱林泉,淡于名利。作诗专攻律体,多登高怀古之作,句法圆稳,格律精纯,深得杜牧、韦庄等人推崇。因善用“水”字,人称“许浑千首湿”。著作有《丁卯集》。

[题解]

这是一首写景诗。诗人在一个秋日的黄昏登上咸阳城东楼，一览秦汉宫阙遗迹和京郊秋色，感慨万分。诗中表达出的感慨集中在一个"愁"字，"万里愁"奠定全诗的基调。先是见到芦苇杨柳联想到家乡景色引起思乡之愁，接着由风云变幻想到王朝更替、人事变迁。缅怀往事，想及现在，不禁涌起一种忧国忧民的情感。许浑的诗平稳工整，尤善写景，这篇是其代表作。其中"山雨欲来风满楼"把暴风雨前的迹象写活了，为千百年来传诵的佳句。

[注释]

①本诗选自《全唐诗》卷五三三。②蒹葭：芦苇一类的水边植物。汀洲：水中的小沙洲，此指诗人家乡的某处汀洲。③溪云：磻溪上空的云。作者自注："（咸阳城）南近磻溪，西对慈福寺阁。"日沉阁：太阳沉落到慈福寺阁后面去。④绿芜：乱草丛生。形容秦代旧苑的荒凉。⑤行人：旅行者。当年事：指秦汉灭亡之事。⑥东来：向东流去。

李凭箜篌引①

李贺

吴丝蜀桐张高秋②，空山凝云颓不流③。江娥啼竹素女愁④，李凭中国弹箜篌⑤。昆山玉碎凤凰叫⑥，芙蓉泣露香兰笑⑦。十二门前融冷光⑧，二十三丝动紫皇⑨。女娲炼石补天处⑩，石破天惊逗秋雨⑪。梦入神山教神妪⑫，老鱼跳波瘦蛟舞。吴质不眠倚桂树⑬，露脚斜飞湿寒兔⑭。

[作者介绍]

李贺(790—816),唐代诗人。字长吉,河南福昌(今河南宜阳)人。唐宗室后裔,因避父讳,不得应进士科考试。在京任奉礼郎,以病辞官。年少失意,郁郁而死。早岁工诗,受知于韩愈、皇甫湜。尤长乐府、古体,善以瑰丽奇绝之辞,创造璀璨多彩的艺术形象和奇特怪丽的诗境,具有浪漫情调,在唐代众多诗人中,卓然自成一家。唯因缺乏对生活更广泛深入的体察,虽有反映时事之作,但不少作品不免太过阴沉。著有《昌谷集》。

[题解]

李凭是宫廷乐师,善弹箜篌,时任奉礼郎的诗人有幸听其弹奏,遂作此诗予以赞美。诗中,作者用多种手法摹写乐声,设想奇特,出人意表,语言奇诡浓丽,不落前贤时人窠臼。而诸如"昆山玉碎凤凰叫,芙蓉泣露香兰笑""女娲炼石补天处,石破天惊逗秋雨"等句,更非常人能道,可与韩愈《听颖师弹琴》、白居易《琵琶行》鼎足而三,平分秋色。

[注释]

①本诗选自王琦《李长吉歌诗汇解》卷一。箜篌:一种弦乐器,又名空侯或坎侯。本为胡乐,约晋武帝时由西域传入。②吴丝蜀桐:吴郡产丝,蜀地产桐木,都是制造乐器的上等材料。张:调紧弦索准备弹奏。高秋:暮秋。③凝云:山中飘云为之凝滞不动。颓:萎疲貌。此句说乐声响遏行云。④江娥:一作"湘娥",即神话传说中溺死在湘江成为水神的舜帝二妃。啼竹:传说舜的二妃因舜死而哭,泪洒竹上,斑斑成痕,号称湘妃竹。素女:传说中的神女。⑤中国:即国中。国的中央,也即京城。⑥昆山:产玉之地。此句形容乐声清亮。⑦"芙蓉"句:形容乐声时或低沉悲凉、时或轻松欢快。⑧十二门:指长安城四面各有三门,总十二门。融冷光:是说乐声使长安城周边都变得温煦和暖了。⑨紫皇:道教对天上至尊之神的称谓。此代指皇帝。⑩女娲:传说中的人类始祖,曾以黄土造人,并炼五色

石补天之缺漏处，平洪水，杀猛兽，使人民安居乐业。⑪逗：引。此句描写曲终时的声音。⑫神妪：《搜神记》："有妪号成夫人，夫人好音乐，能弹箜篌，闻人弦歌，辄便起舞。"神妪似指此。此句是说李凭梦授绝艺予仙人，惊动了仙界。⑬吴质：即吴刚。相传其学仙有过，谪令在月中伐桂树。该树边砍边生，永远不倒。⑭露脚斜飞：指露像雨一样降下。寒兔：传说月中有兔。这两句是说箜篌动人的乐声吸引了吴刚，令他难以成眠，直到寒露渐生的中夜。

雁门太守行

李 贺

黑云压城城欲摧①，甲光向日金鳞开②。角声满天秋色里，塞上燕脂凝夜紫③。半卷红旗临易水④，霜重鼓寒声不起⑤。报君黄金台上意⑥，提携玉龙为君死⑦。

[题解]

"雁门太守行"是乐府《相和歌·瑟调曲》旧题，六朝和唐人均借以咏征戍之苦，李贺此篇也不脱此意。不过内容似更积极，格调也颇高亢，奋勇退敌、尽忠为国的豪情不可掩抑。本诗作于元和初年。传说元和二年(807)秋，李贺以此诗进谒时为国子博士分司东都的韩愈，韩愈读到本篇前两句，大为欣赏，立即起身整衣邀入。

[注释]

①黑云：形容发兵时人马掀起的尘土很大。②金鳞：形容铁甲在日光下闪着金光。③燕脂：指暮色霞光。凝夜紫：指暮色渐浓，云山一片紫色。④易水：源出

今河北易县北。这里不一定实指。但取荆轲刺秦王的典故，以与诗歌悲壮肃穆的情调相应合。⑤声不起：指鼓声不扬。⑥黄金台：战国时燕昭王用以招聘人才而筑的台。⑦玉龙：剑的代称。传说晋初雷焕得玉匣一只，内藏剑两柄，后入水化为龙。这两句是说愿报君恩而死国事。

过华清宫①

杜 牧

长安回望绣成堆②，山顶千门次第开③。一骑红尘妃子笑，无人知是荔枝来④。

[作者介绍]

杜牧(803—852)，唐代诗人。字牧之，京兆万年(今陕西西安)人。因居樊川，号樊川居士。文宗大和二年(828)进士，授弘文馆校书郎。后为江西、宣歙观察使沈传师和淮南节度使牛僧孺幕僚，官至中书舍人。作诗多讽时政，写景抒情之作，尤俊爽有风姿。与李商隐齐名，时号“小李杜”。著作有《樊川文集》。

[题解]

华清宫，故址在今陕西临潼骊山温泉上，是唐时著名的皇帝行宫。天宝年间，唐玄宗和杨贵妃每年十月到此过冬，开春后回长安。诗人感于唐王朝由盛而衰的巨变，对玄宗过宠杨氏、荒废朝政予以辛辣的嘲讽。原作三首，这是第一首。

[注释]

①本诗选自冯集梧《樊川诗集注》卷二。②“长安”句：意为由长安向东回望，骊山就像一团锦绣。骊山上有东、西绣岭，因林木花卉繁盛，望去宛如锦绣，故名。③千门：极言山上宫室之多。次第开：按次序一扇一扇打开。④红尘：带红色的尘土。此两句是说来者神速，旁人无法看清他带有何物，只有杨氏望见红尘，知道是有人送荔枝来，欣然而笑。《新唐书·杨贵妃传》：“妃嗜荔支(枝)，必欲生致之，乃置骑传送，走数千里，味未变，已至京师。”荔枝来处，一说在广东，一说在四川。

山行①

杜 牧

远上寒山石径斜②，白云生处有人家③。停车坐爱枫林晚④，霜叶红于二月花。

[题解]

本诗用白描手法，写秋天山中所见之景。山川生云，枫叶如丹，乃秋天蓬勃、亮丽的象征。全篇语言凝练、用色鲜活，是千载传诵的名作。

[注释]

①本诗选自冯集梧《樊川诗集注·樊川外集》。②寒山：指深秋时的山。③生处：一作“深处”。④坐：因为。

清明[1]

杜　牧

清明时节雨纷纷，路上行人欲断魂。借问酒家何处有，牧童遥指杏花村。

[题解]

本诗作于武宗会昌六年(846)，时杜牧在池州刺史任上。杏花村在池州(今安徽贵池)县城西，向以产酒著名。诗人写清明时节市井寻常景致，用语清新晓畅，在北宋时已传诵人口。

[注释]

①本诗选自谢枋得《千家诗·七言绝句》。

江南春[1]

杜　牧

千里莺啼绿映红，水村山郭酒旗风[2]。南朝四百八十寺[3]，多少楼台烟雨中。

[题解]

这是一首写景抒情诗。诗中描绘出一幅色彩鲜明的江南春景图，有近景、中景、远景，声色相配，动静相间。全诗清秀绮丽，爽朗俊逸。最后两句景中有情，微露感伤，并暗寓讽刺：唐代的统治者也崇信佛教，是否想步南朝覆亡的后尘呢？

[注释]

①本诗选自《全唐诗》卷五二二。②水村山郭：依水的村庄和傍山的城郭。酒旗风：酒店的旗在风中舞动。③南朝：指从公元420年至589年中国南方经历的宋、齐、梁、陈四朝。四百八十寺：南朝帝王贵族多崇信佛教，广建寺庙。梁武帝时，京师附近的寺庙多达五百余所，僧尼十万余人。此言四百八十，是取当时的流行说法。迷信佛教是南朝灭亡的重要原因之一。

夜雨寄北[①]

李商隐

君问归期未有期，巴山夜雨涨秋池[②]。何当共剪西窗烛，却话巴山夜雨时[③]。

[作者介绍]

李商隐(813—约858)，唐代诗人。字义山，号玉溪生，怀州河内(今河南沁阳)人。开成二年(837)进士，授秘书省校书郎，补弘农尉。由于受到牛李党争的影响，一生困顿不得志。诗作多抒写政治离乱和个人失意之情。不少借古讽今的咏史诗，直接或间接地揭露了统治阶层的腐朽；其抒情诗深挚、细腻，但伤感太重；其无题诗精丽、和美、婉转，但因隐晦曲折而解说纷纭。

[题解]

本诗作为一首寄怀诗，作者不仅能别开生面，设想归家情景以表思念之重，还能调动场景，渲染气氛，于叠词叠句所形成的回环节奏中，将孤寂凄清的客居生活与剪烛共话的情景融为一体，由此造成全篇凄清中伴有温煦的格调，历来为人传诵。

[注释]

①本诗选自冯浩《玉溪生诗集笺注》卷二。题一作《夜雨寄内》。②巴山：指巴东之山。一说泛指东川一带之山。③何当：犹言何时。剪烛：蜡烛点久后，烛心会结烛花，须剪去烛花，使烛光不致昏暗不明。此句是设想来日相聚灯下促膝长谈之事。

无题①

李商隐

相见时难别亦难②，东风无力百花残。春蚕到死丝方尽③，蜡炬成灰泪始干④。晓镜但愁云鬓改⑤，夜吟应觉月光寒⑥。蓬山此去无多路⑦，青鸟殷勤为探看⑧。

[题解]

本诗写暮春伤别及别后相思之情，其刻画感情缠绵真切至于铭心刻骨，具有极强的艺术感染力。颔联比喻传神，成为描写爱情的绝唱；颈联设想细致入微，非寡情者所能道得。作为一首无题诗，本篇主旨是否别有寄托，历来有争议。不过即便不能明了其所寄托，单就此诗本身的意境而论，也属作者同类诗中最为优秀的作品之一。

[注释]

①本诗选自冯浩《玉溪生诗集笺注》卷二。②“相见”句：是说相见的机会难，所以别时倍觉难分难舍。③丝：谐“思”音。④泪：蜡烛燃点时流溢出的油脂。兼喻指离人眼泪。⑤但愁：只担心。此是作者设想对方也很痛苦，彻夜无眠，形容憔悴，有希望她多保重之意。⑥应：该当。此是作者设想对方心境之辞。⑦蓬山：海上仙山蓬莱岛的简称。此指对方住所。⑧青鸟：《山海经·大荒西经》：西王母之山“有三青鸟，赤首黑目”。注曰：“皆西王母所使也。”又《汉武故事》载西王母会汉武帝，有青鸟先到殿前。后人遂以其为使者的代称。

锦瑟①

李商隐

锦瑟无端五十弦②，一弦一柱思华年③。庄生晓梦迷蝴蝶④，望帝春心托杜鹃⑤。沧海月明珠有泪⑥，蓝田日暖玉生烟⑦。此情可待成追忆，只是当时已惘然⑧。

[题解]

本诗是作者晚年自伤身世，自述感慨之作，约成于大中十二年(858)。诗以首句前两字为题，等于“无题”。因全篇意象本身包含多重寓意，意境深沉而又朦胧，且富于象征暗示色彩，曾引起历代论者对其主旨作种种猜测，有以为咏瑟的，也有以为悼亡或自序其诗的。然仅就诗本身而言，则闻瑟而感叹年华易逝，有不胜言状之惘然和伤感这一点，被表现得充分而又完整，似是构成本篇情绪的主导。

[注释]

①本诗选自冯浩《玉溪生诗集笺注》卷二。②无端：没来由。五十弦：《汉书·郊祀志》："泰帝使素女鼓五十弦瑟，悲，帝禁不止，故破其瑟为二十五弦。"③柱：绕弦的短木柱，旋之可调整弦的音调高低。华年：少年。因写此诗时，作者年已近五十，故由瑟弦五十触发，想及年少之事。④庄生：即庄子。迷蝴蝶：《庄子·内篇·齐物论》："昔者庄周梦为蝴蝶，栩栩然蝴蝶也。"⑤望帝：周末蜀国一个君主的称号。《寰宇记》："蜀王杜宇，号望帝，后因禅位，自亡去，化为子规。"春心：伤春之心。这两句都用以比喻往事如烟，种种美好追求不复存在的虚空之感。⑥珠有泪：《博物志》："南海外有鲛人，水居如鱼，不废绩织，其眼泣则能出珠。"又，古传海中蚌珠与月相感应，月满则珠圆，月亏则珠缺，故此处连言"沧海月明"。⑦蓝田：山名，在今陕西省蓝田县东南，以产玉闻名。这两句以带泪之珠和生烟暖玉喻美好事物的可望不可及以及其幻灭不复可追念的伤感。⑧可待：岂待。这两句是说往日亲历其境时已觉惘然，并非等到此时追忆时才不胜怅惘。

乐游原[1]

李商隐

向晚意不适②，驱车登古原。夕阳无限好，只是近黄昏③。

[题解]

乐游原，又名鸿固原，本是汉宣帝时建造的一处庙苑，在长安城东南。一登古原，全城尽览，为唐时登览胜地。本诗写夕阳西下时登临古原的感受，虽只寥寥二十字，却“百感茫茫，一时交集，谓之悲身世可，谓之忧时事亦可”（纪昀《玉溪生诗说》），内容之丰厚，意境之高深，几非五绝体制可以承载。

［注释］

①本诗选自冯浩《玉溪生诗集笺注》卷三。②不适：不悦。③“夕阳”句：是说夕阳灿烂，但毕竟短暂，转瞬即逝。言外有感叹时不再来，应当爱惜光阴的意思。

淮上与友人别[①]

郑 谷

扬子江头杨柳春，杨花愁杀渡江人。数声风笛离亭晚[②]，君向潇湘我向秦[③]。

［作者介绍］

郑谷（约851—约910），唐代诗人。字守愚，袁州宜春（今属江西）人。早慧，能诗。光启三年（887）进士，历官户县尉、右拾遗等职。官至都官郎中，人称郑都官。其诗多题咏景物之作，颇有清丽韵致，唯流于浅率，故人谓“其格不高”（欧阳修《六一诗话》）。著有《云台篇》。

［题解］

本诗写扬州辞行，故离情别绪尤充溢字里行间，读之令人悄然动容、黯然神伤，具有极强的感染力。

[注释]

①本诗选自《全唐诗》卷六七五。②风笛：风中传来的笛声。离亭：古人在驿亭送别，所以有离亭之称。③潇湘：指湖南，或泛指南方。秦：指陕西，或泛指北地。

早梅[①]

齐　己

万木冻欲折，孤根暖独回。前村深雪里，昨夜一枝开。风递幽香去[②]，禽窥素艳来。明年如应律[③]，先发映春台。

[作者介绍]

齐己(约 864—约 937)，唐代诗僧。俗姓胡，名得生，潭州益阳(今属湖南)人。尝住江陵龙云寺，自号衡岳沙门。性颖悟，善琴棋书法。诗多登临题咏、酬唱赠别之作，为时人称赏。间有宣扬佛教出世思想或反映民生疾苦之作。风格清润平淡而不失高远冷峭。著有《白莲集》《风骚旨格》。《全唐诗》存诗十卷。

[题解]

本诗极写一“早”字。万木萧条，一枝冲寒而开，才显出梅花的风骨。颔联最为警策。相传此处原作“昨夜数枝开”，诗人郑谷见之曰：“数枝非早也，未若一枝佳。”(见《唐才子传》)齐己称服，推为一字师。

[注释]

①本诗选自《全唐诗》卷八四三。②去：一作“出”。③应律：言梅花应时而开。律指古代用以正音的律吕。古有十二律，常被用以与十二月相应。如，一作“犹”。

山园小梅①

林　逋

众芳摇落独暄妍②，占尽风情向小园。疏影横斜水清浅，暗香浮动月黄昏③。霜禽欲下先偷眼④，粉蝶如知合断魂⑤。幸有微吟可相狎⑥，不须檀板共金樽⑦。

[作者介绍]

林逋(967—1028)，宋初诗人、隐士。字君复，钱塘(今浙江杭州人)。归隐于西湖孤山。种梅养鹤，不仕不娶，世称其"梅妻鹤子"。林逋以诗名于世，与范仲淹、梅尧臣相酬唱。真宗曾赐以粟帛，"诏长吏岁时劳问"，卒谥和靖先生。其诗风格淡远，长于五七言律，著有《林和靖先生诗集》。

[题解]

林逋以咏梅诗著称，这首是他的代表作。其中"疏影横斜水清浅，暗香浮动月黄昏"一联历为欧阳修、司马光、许彦周等诗家所称赏，"脍炙天下殆二百年"(《竹坡诗话》)。此诗之佳在于传神，传达了梅花高洁幽独的气质风韵，同时也是作者孤高绝俗的人格写照。

[注释]

①本诗选自清康熙刻本《林和靖先生诗集》卷二。②暄妍：原指天气晴和，景物鲜媚。此用以形容梅花独得天时，盎然富于生机。③疏影：稀疏的影子。暗香：幽香。此联出自南唐江为残句"竹影横斜水清浅，桂香浮动月黄昏"，意为清

浅的水中倒映着稀疏交叉的树影，幽淡的香气在昏黄的月色中飘漾。④此句写梅之白，如霜染过似的，连白鸟也不敢与之媲美。⑤此句状梅之香，冬日无蝶，若追香的粉蝶也知道有梅花的存在，那一定要为之消魂。⑥相狎：相亲近。⑦檀板：唱词曲时用以打节拍的檀木拍板。金樽：华贵的酒杯，代指酒。此句言梅花品性高洁，只有吟诗可以相伴，若对之饮酒作乐，便有伤雅道了。

示张寺丞王校勘[①]

晏 殊

元巳清明假未开[②]，小园幽径独徘徊。春寒不定斑斑雨[③]，宿醉难禁滟滟杯[④]。无可奈何花落去，似曾相识燕归来。游梁赋客多风味[⑤]，莫惜青钱万选才[⑥]。

[作者介绍]

晏殊（991—1055），北宋诗人、词人。字同叔，临川（今江西抚州市）人。幼聪颖，十四岁时以神童荐，次年赐同进士出身，官至同平章事。一生仕宦通达，好拔举贤才，范仲淹、欧阳修等皆出其门下。又好词章，文采风流，映照一时。其诗典雅华美，颇近于西昆一派，以委婉深情见长。著有《珠玉词》《晏元献遗文》。

[题解]

晏殊文章擅天下，又好奖掖后进，一时名士多从之游。张寺丞为张先，王校勘为王琪，俱工于诗。据《复斋漫录》记载，晏殊因观王琪《大明寺》诗板，大加称赏，召至同饭。饭已，又同步游池上。时春晚，有落花。晏殊有旧句“无可奈何花落去”书壁上，久未能对，王琪见而对曰：“似曾相识燕归来。”可见晏殊此诗乃是得对后续成。全诗对春光之流逝、人生之寂寞，流露出“无可奈何’的惆怅之情，然又能圆融地加以观照，“似曾相识燕归来”，认识到人事物理无往不复的代谢规律。

[注释]

①本诗选自《宋诗纪事》卷七。②元巳：农历三月第一个巳日，也称上巳，后来专指三月初三日。③斑斑：斑点众多貌，常以形容泪痕，此则谓雨迹斑斑。④宿醉：隔夜犹存的余醉。滟滟：水满貌。⑤游梁赋客：汉梁孝王好宫室苑囿之乐，尝筑东苑，方三百余里，招延四方豪杰(见《史记·梁孝王世家》)。一日大雪，召枚乘、司马相如等至，命对雪作赋(见谢惠连《雪赋》)。此以游梁赋客称张先、王琪。⑥青钱万选：唐传奇作家张鷟早慧，文字绝佳，时人称：“鷟文辞犹青铜钱，万选万中。”此谓张先、王琪亦是青钱万选之才。晏殊好提携后进，不久就将王琪辟置馆职。

泊船瓜洲[1]

王安石

京口瓜洲一水间[2]，钟山只隔数重山[3]。春风又绿江南岸，明月何时照我还[4]。

[作者简介]

王安石(公元1021—公元1086年)，字介甫，晚年号半山，临川(今江西临川县)人。二十二岁中进士，在江浙等地历任州、县地方官十多年，进行过一些改革弊政的尝试。宋仁宗嘉祐三年(公元1058年)，他给皇帝上万言书，提出“改易更革”的主张，虽未被采纳，但影响很大。神宗即位不久，被任为宰相，在神宗的支持下，领导了历史上著名的变法运动，推行了一系列新法。但是，变法运动遭到保守派的激烈反对，王安石最后被迫辞职。神宗死后，旧党执政，新法很快就被完全废除，王安石不久也就忧愤死去。

王安石不仅是北宋杰出的政治家，也是一位杰出的文学家。他被列为唐宋八大散文家之一。他的词作不多，但颇具特色。他的诗，成就更在散文之上。

著有《临川先生文集》。

[题解]

瓜洲在今江苏邗江县南，临江。熙宁八年(1075)，作者再度拜相，由江宁进京，泊舟于此，乃作此诗表达恋乡之情。三、四两句是名句，“绿”字用得极为生动传神，据洪迈《容斋随笔》记载，此字初作“到”字，后改为“过”“入”“满”，几十余字，最终定为“绿”，足见推敲炼字的工夫。

[注释]

①本诗选自明嘉靖本《临川王先生荆公文集》卷七十。泊(bó)：停船靠岸。瓜洲：在现在江苏省长江北岸。②京口：今江苏镇江，与瓜洲隔江相对。③数重(chóng)：几层。④还：指的是回到紫金山下的家里。

饮湖上初晴后雨①

苏轼

水光潋滟晴方好②，山色空蒙雨亦奇③。欲把西湖比西子④，淡妆浓抹总相宜。

[作者介绍]

苏轼(1037—1101),北宋大文学家,书画家,字子瞻,号东坡居士,眉山(今属四川)人。宋仁宗嘉祐二年(1057)进士,神宗元丰间,因反对王安石新法,以作诗"谤讪朝廷"罪谪贬黄州,哲宗元祐间累迁翰林学士,绍圣初又远贬惠州、儋州。谥文忠。历任地方官,关心民生,卓有政绩。博学多才,喜奖励后进,是继欧阳修之后的文坛领袖,在诗、文、词诸方面均开一代风气。其词突破绮靡柔婉的传统风格,开创了清雄豪迈的豪放一派词风,与南宋辛弃疾并称"苏辛"。有《苏东坡集》《东坡乐府》。其诗清新豪健,善用夸张比喻,在艺术表现方面独具风格。少数诗篇也反映民间疾苦,指责统治者的奢侈、骄纵,但也有些作品表现出保守的政治观点和消极情绪。其文明白畅达,为"唐宋八大家"之一。

[题解]

这是一首传诵不衰的描写西湖景色的诗,作于熙宁六年(1073)。诗人把西湖比作怎样打扮都漂亮的美女西施,设喻空灵贴切,"遂成为西湖定评"(陈衍《宋诗精华录》)。后代许多诗人的咏西湖诗,都从这个比喻生发出来。

[注释]

①本诗选自中华书局版《苏轼诗集》卷九。②潋(liàn)滟(yàn):水光波动貌。③空蒙:即"空濛",雨中山色迷茫的样子。④西子:即西施,春秋时越国的美女。

惠崇春江晚景①

苏 轼

竹外桃花三两枝,春江水暖鸭先知。蒌蒿满地芦芽短②,正是河豚欲上时。

[题解]

这是苏轼为惠崇的《春江晚景》图所作的题画诗。惠崇，宋初“九僧”之一，工画鹅、鸭、鹭鸶，尤工小景，为寒汀远渚、潇洒虚旷之象，人所难到。此诗作于元丰八年(1085)，也是一首广为传诵、脍炙人口的小诗，汪景龙称它有“天然神韵”。

[注释]

①本诗选自中华书局版《苏轼诗集》卷二十六。②蒌蒿：即白蒿。

题西林壁①

苏 轼

横看成岭侧成峰，远近高低各不同。不识庐山真面目，只缘身在此山中。

[题解]

这也是苏轼的一首为人们广泛传诵的名篇，作于宋神宗元丰七年(1084)四月。诗人在描写奇妙的自然景物中寄寓发人深思的理趣。这种“以筋骨思理见胜”的手法是苏轼山水景物诗的艺术特色。

[注释]

①本诗选自中华书局版《苏轼诗集》卷二十三。西林：即庐山乾明寺，又称西林寺。

夏日绝句[①]

李清照

生当作人杰，死亦为鬼雄。至今思项羽，不肯过江东。

[作者介绍]

李清照(1084—约1155)，南宋著名女词人。号易安居士，济南(今属山东)人。李格非女儿、赵明诚妻子。幼承家学，工诗词。金兵南侵，她渡江至建康。不久赵明诚病卒，她辗转台州、温州、杭州等地，颠沛流离，备极凄苦。李清照词感情细腻，风格清丽，以婉约著称；其诗则沉郁苍凉，多伤感时事之作，与词风迥异。著作有《漱玉集》。

[题解]

此诗当作于南渡之后。作者称颂项羽“不肯过江东”的精神，其意显然在批评当时偏安一隅、不图恢复的南渡君臣。

[注释]

①本诗选自中华书局一九六二年版《李清照集》。

游山西村[①]

陆 游

莫笑农家腊酒浑②，丰年留客足鸡豚③。山重水复疑无路，柳暗花明④又一村。箫鼓追随春社近⑤，衣冠简朴古风存。从今若许闲乘月⑥，拄杖无时夜叩门⑦。

[作者介绍]

陆游(1125—1210)，南宋伟大的爱国诗人。字务观，自号放翁，越州山阴(今浙江绍兴)人。宋高宗绍兴23年(1153)考进士时，因名列秦桧孙子秦埙之前，被黜免。孝宗即位，赐进士出身，曾任镇江、隆兴通判。乾道六年(1170)入蜀，任夔州通判。乾道八年，入四川宣抚使王炎幕府。官至宝章阁待制。晚年退居家乡。陆游工诗、文，长于史学。与尤袤、杨万里、范成大并称南宋四大家。其诗今存九千余首，清新圆润，格调恢宏。著作有《剑南诗稿》《渭南文集》《南唐书》《老学庵笔记》等。

[题解]

此诗写于宋孝宗乾道三年(1167)。在此之前，诗人曾任隆兴府通判，因极力赞助张浚北伐，被投降派劾以“交结台谏，鼓唱是非，力说张浚用兵”的罪名，罢归故里。诗人脱离黑暗的官场，置身家乡纯朴、清新的生活环境，倍感欣慰。此诗写的虽是闲适的乡居生活，却流露出诗人未能忘情国事的胸怀。全诗结构严谨，主线突出，语句圆润，是一首艺术水平很高的七律诗。

[注释]

①本诗选自四库全书本《剑南诗稿》卷一。②腊酒：头一年腊月所酿的酒。浑：浑浊。酒以清者为贵。③足鸡豚：鸡、猪丰盛。④柳暗花明：柳色深暗，故曰“暗”；花光红艳，故曰“明”。⑤春社：古代以立春后第五个戊日(古代用干支纪日)为春社日，民间于是日祭土地神以祈丰年。⑥闲乘月：有空暇时趁着月明之夜前来。⑦无时：随时。

十一月四日风雨大作[①]

陆　游

僵卧孤村不自哀，尚思为国戍轮台[②]。夜阑卧听风吹雨，铁马冰河入梦来。

［题解］

此诗写于光宗绍熙三年(1192)，时诗人虽隐居故里，生活捉襟见肘，且时常卧病，但忧国忧民之心依旧。此诗写的就是他夜闻风雨，勾起对从戎生涯的怀念和强烈的报国之情。全诗意境开阔，气魄恢宏，具有很强的艺术概括力。

［注释］

①本诗选自四库全书本《剑南诗稿》卷二十六。②轮台：今属新疆。此泛指遥远的边塞。

临安春雨初霁[①]

陆　游

世味年来薄似纱[②]，谁令骑马客京华[③]。小楼一夜听春雨，深巷明朝卖杏花。矮纸斜行闲作草[④]，晴窗细乳戏分茶[⑤]。素衣莫起风尘叹，犹及清明可到家[⑥]。

[题解]

此诗写于淳熙十三年(1186)。时陆游已六十二岁,这一年春天,在家赋闲五年的诗人又被起用为严州知府。赴任之前,先到首都临安(今浙江杭州)去觐见皇帝。他住在西湖边上的客栈里听候召见,在百无聊赖和寂寞中写下了此诗。诗中细致、形象地描绘了春雨、春光,还写了自己独自品茶、写字的闲适,但字里行间,含蓄地表达了诗人郁闷、惆怅之情。

[注释]

①本诗选自四库全书本《剑南诗稿》卷十七。临安:南宋的都城,今浙江杭州。②世味:对于世态人情的体会。③京华:即京城,这里指临安。④矮纸:短纸,也就是两端长而上下狭的手卷。古代书家常在手卷上写字。草:草书。⑤细乳:指沏茶时水面泛起的白色泡沫。《谈苑》中道:“茶之精者,北苑名白乳头。”宋代北苑茶又有石乳、滴乳等品。细乳是茶中精品。分茶:品茶。⑥“素衣”两句:据晋陆机《为顾彦先赠妇》“京洛多风尘,素衣化为缁”语,意思是京城的不良风气,会污染人的品质。陆游想说明自己清明可以到家,不用担心会受到临安习气的影响。

示儿[1]

陆 游

死去元知万事空[2],但悲不见九州同[3]。王师北定中原日,家祭无忘告乃翁[4]。

[题解]

诗人卒于宁宗嘉定二年十二月。此诗是他临终前写的，既是绝笔，也是遗嘱。诗人是个坚定的爱国者，他深为南宋偏安一隅、屈膝乞和为耻，念念不忘收复中原。虽然他一生政治上失意，从未得到重用，且多次罢职闲居，清贫自守，但他爱国热情始终不减，直到生命的最后时刻。此诗概括地道出了自己所处的时代和生平志事：对南宋统治者的屈辱求和、偏安江左，表示了无穷的悲愤；对收复中原、统一中国，表示了坚定不移的信念。此诗表达了他生前的最后意愿，强烈地反映了诗人伟大的精神和信念。朴素、平淡的语言，更显示了他感情的真挚。

[注释]

①本诗选自四库全书本《剑南诗稿》卷八十五。②元知：原知。③九州同：古代中国分为九州，九州同，指全国统一。④乃翁：你的父亲，陆游自指。

四时田园杂兴①(其一)

范成大

昼出耘田夜绩麻②，村庄儿女各当家③。童孙未解供耕织④，也傍桑阴学种瓜⑤。

[作者介绍]

范成大(1126—1193)，字致能，号石湖居士。吴郡(现江苏省苏州市)人。曾经做过处州、静江府知府、四川制置使、参知政事等官。他出使金国时，为了坚持宋金平等地位，不怕危险，抗争不屈。晚年回到故乡石湖。他一生写了很多诗，题材广泛，语言朴素清新。尤其是田园诗更为著名，从多方面描写了农村生活面貌和农民的疾苦。

[题解]

这首诗描写农村生产紧张，从早到晚，男女老少都投入了劳动，连幼小的儿童也模仿大人，学着种瓜，从小养成了劳动习惯。这里表现了农村儿童天真可爱的行为，有力地衬托出农民的勤劳刻苦。

[注释]

①杂兴：兴就是感想，杂兴是随意写来没有固定题材的诗篇。②耘田：除草。绩麻：把麻搓成线或绳。③各当家：各人都担当一定的劳作，担负起家庭的生活。④未解：不懂得。供：从事，参加。⑤傍：靠近。桑阴：桑树荫下。

春日①

朱 熹

胜日寻芳泗水滨②，无边光景一时新。等闲识得东风面③，万紫千红总是春。

[作者介绍]

朱熹(1130—1200)，宋理学家、诗文批评家、诗人。字元晦，一字仲晦，号晦庵、遁叟，婺源(今属江西)人。绍兴十八年(1148)进士，累官转运副使、秘阁修撰、焕章阁待制。晚年居福建建阳考亭，主讲紫阳书院，故亦称考亭、紫阳。朱熹是宋代理学之集大成者，亦留意于文学，是理学家中谈文学最多的人，往往有独到之见。其诗平易自然，富于理趣，颇为后世所称。一生著述繁富，著作有《四书集注》《诗经集传》《楚辞集注》及后人编纂的《晦庵先生朱文公集》。

[题解]

此诗载《千家诗》中，久为人们传诵。题作“春日”，似为游春之作，然首句云：“胜日寻芳泗水滨”，泗水在山东曲阜北，孔子尝居洙泗之间，教授弟子。在南宋时期泗水已沦入金人之手，朱熹决不可能去泗水游春。故这首诗乃是虚构想象之作，其意在于说明大自然具有无限蓬勃的生机，因此万紫千红，触处皆春。

[注释]

①本诗选自四库全书本《晦庵集》卷二。②胜日：节日或亲朋相聚的日子。③等闲：寻常。

观书有感①

朱　熹

半亩方塘一鉴开②，天光云影共徘徊。问渠那得清如许③？为有源头活水来。

[题解]

这是一首阐述哲理的诗，然没有理学家的头巾气，一点也不迂腐，其关键即在寓物说理，通过形象说话，使读者在审美的过程中领会作者创作的意旨。这便是宋人所标榜的理趣。此诗原二首，本篇是其中第一首。

[注释]

①本诗选自《宋诗精华录》卷三。②一鉴开：形容池水平静如明镜般地展开。鉴：镜。③渠：它，指方塘。如许：如此。

约客[①]

赵师秀

黄梅时节家家雨，青草池塘处处蛙。有约不来过夜半，闲敲棋子落灯花。

[作者介绍]

赵师秀(1170—1220)，南宋诗人。字紫芝，号灵秀，永嘉(今浙江温州)人。赵宋宗室，绍熙元年(1190)进士，尝仕上元主簿、筠州推官，晚年寓居钱塘。其诗清新工炼，多描写个人的幽情雅趣，为“永嘉四灵”之一。著作有《清苑斋诗集》。

[题解]

一名《有约》。此诗写了约客不来、久候无聊的心境。刻画极其细腻，语言十分平淡自然，然决不是随意写就，而是精心结撰、反复吟咏而成。

[注释]

①本诗选自浙江古籍出版社校点本《永嘉四灵诗集·清苑斋诗集》。

游园不值[①]

叶绍翁

应怜屐齿印苍苔[②]，小扣柴扉久不开[③]。春色满园关不住，一枝红杏出墙来。

[作者介绍]

叶绍翁(生卒年不详),南宋诗人。字嗣宗,号靖逸,龙泉(今属浙江)人。尝在朝为官,与真德秀友善。其诗清逸,擅短章,属江湖派。著有《靖逸小集》。

[题解]

这是一首脍炙人口的小诗。全诗紧扣题目"游园不值"写来,栩栩如生。诗末二句最著名,其语脱胎于陆游的《马上作》"杨柳不遮春色断,一枝红杏出墙头"。然"春色满园关不住"比"杨柳"句更新颖,且概括力更强,启示人们春色是关不住的,富于生命力的新鲜事物总会突破阻碍,蓬勃成长。

[注释]

①本诗选自乾隆刻本《宋百家诗存》卷十八《靖逸小稿》。不值:没有碰见(主人)。②屐(jī)齿:木屐的二齿。这句说:大概是园主人爱惜苍苔,怕给我踏上鞋印子吧。③小扣:轻轻地敲。柴扉:简陋的门。

题临安邸①

林 升

山外青山楼外楼,西湖歌舞几时休!暖风熏得游人醉,直把杭州作汴州。

[作者介绍]

林升(生卒年不详),南宋诗人。宋孝宗淳熙间士人,生平无考。

[题解]

此诗载于《宋诗纪事》,乃自《西湖游览志馀》摘出。作者是一位名不见经传的士人，然此诗却脍炙人口，不胫而走，原因是它形象鲜明地概括了南宋小朝廷偏安一隅、酣歌曼舞、醉生梦死、不图恢复的嘴脸，向他们敲起了警钟：再这样下去，杭州将成为第二个汴州，南宋朝廷将步北宋后尘，再度沦于敌手。全诗造语新颖，“山外青山”写西湖之胜景无边，“楼外楼”状小朝廷楼台馆阁之盛，“熏”字写游人为之陶醉、忘乎所以的憨态，则尤为传神，可谓含蕴甚富，感慨极深。

[注释]

①本诗选自《宋诗纪事》卷五十六。临安：现浙江省杭州市。宋朝南渡以后把京城搬到这里。邸(dǐ)：旅店。

过零丁洋[①]

文天祥

辛苦遭逢起一经②，干戈寥落四周星③。山河破碎风飘絮，身世浮沉雨打萍。惶恐滩头说惶恐④，零丁洋里叹零丁⑤。人生自古谁无死，留取丹心照汗青⑥。

[作者介绍]

文天祥(1236—1283)，宋末民族英雄、政治家、诗人。字履善，又字宋瑞，号文山，庐陵(今江西吉安)人。理宗宝祐三年(1255)举进士第一，官至右丞相，兼枢密使。奉使元营，被拘逃脱，乃泛海至温州，与元兵转战江西、福建、广东等地，后在海丰为张弘范所俘，囚燕京三年，不屈被杀。文天祥用血和泪写下了许多激昂慷慨、沉郁苍凉、饱含着浓厚的爱国之情的诗篇，被后人视为“诗史”。著作有《文山先生全集》。

[题解]

宋帝赵昺祥兴元年(1278)十二月,文天祥在广东海丰五坡岭被元军俘获,次年正月元军元帅张弘范挟之攻打厓山,逼他写信招降坚持抗战的张世杰,文天祥乃以此诗示之,表达了宁折不屈、视死如归的崇高气节。末两句千古传诵,体现了中华民族伟大的民族精神。

[注释]

①本诗选自明嘉靖本《文山先生全集》卷十四。零丁洋:在现在广东省中山县南。②"辛苦"句:写自己入仕的经历,辛辛苦苦,通过"明经"的考试而得官,受到朝廷的选拔、任用。③"干戈"句:写自己勤王抗战的经历。文天祥自德祐元年(1275)正月以全部家产充作军费,起兵勤王,至祥兴元年(1278)十二月被俘,整整四年,故称"四周星",因为星象的变化以一年为周期。当时宋廷危在旦夕,抗元的力量已十分微弱,故云"干戈寥落"。干戈:古代的兵器,这里指的是战争。寥落:荒凉冷落。④惶恐滩:原名黄公滩,在江西万安县赣江中,为赣江十八滩之一,滩险水急,行舟不易,故又称惶恐滩。景炎二年(1277),文天祥在江西空坑兵败,曾经过惶恐滩撤退到福建汀州。惶恐:惊慌害怕。作者这里说的"惶恐",并不是指害怕敌人,而是指上句说的"身世浮沉",下句中的"零丁"也是这个意思。⑤零丁洋:即伶仃洋,在今广东珠江口。作者于海丰被俘去厓山途中,曾被囚于零丁洋战船中。零丁:孤苦的样子。⑥汗青:史册。

石灰吟[①]

于 谦

千锤万击出深山,烈火焚烧若等闲。粉骨碎身浑不怕,要留清白在人间。

[作者介绍]

于谦(1398—1457),明朝大臣,字廷益,号节庵,钱塘(今浙江杭州)人,永乐十九年(1421)进士,历任兵部右侍郎、山西巡抚等职。正统十四年(1449),英宗亲征瓦剌,在土木堡兵败被俘。景帝立,于谦升任兵部尚书。景泰八年(1457),英宗复辟,于谦以"谋逆"罪遭杀害。其诗多忧国忧民之作,质朴雄健。著作有《于肃愍公集》。

[题解]

这是一首借物咏志的七言绝句。诗中句句赞颂石灰,实际上是借以抒写自己刚正清廉的情操。这首诗极可能作于作者巡抚山西、河南十七年后回京,因得罪权阉王振被借故系于狱中期间。

[注释]

①本诗选自清张豫章等编康熙本《御选明诗》第一〇四卷。

别云间①

夏完淳

三年羁旅客②,今日又南冠③。无限河山泪,谁言天地宽!已知泉路近④,欲别故乡难。毅魄归来日,灵旗空际看⑤。

[作者介绍]

夏完淳(1631—1647),明末诗人。字存古,号小隐,松江华亭(今上海松江)人。父允彝为明末学者,明亡后殉国。完淳少聪慧,十二岁拜陈子龙为师,组织

“西南得朋会”，为诗社后继。十五岁参加抗清斗争，任鲁王中书舍人，参谋太湖吴易军事。十七岁被捕殉国。所作诗赋，多抒发其政治抱负，反映其斗争经历，悲歌慷慨，诗格高古。著作有《夏完淳集》。

[题解]

顺治四年(1647)，作者抗清失败被捕，在被押解南京之前，作此诗诀别家乡。诗中充满了对故乡的依恋和抗清失败的悲愤情绪，表现出临危不惧、视死如归的英勇气概和坚持抗清斗争的坚定信念，并希望抗清的旗帜永远飘扬。

[注释]

①本诗选自上海古籍版《夏完淳集笺校》卷五。云间：即上海松江，作者家乡。②“三年”句言作者自顺治二年(1645)起在太湖一带参加抗清斗争，至顺治四年，共有三年。③南冠：囚犯的代称。《左传·成公九年》：“晋侯观于军府，见钟仪，问之曰：‘南冠而絷者谁也？’有司对曰：‘郑人所献楚囚也。’”杜预注曰：“南冠，楚冠。”④泉路：黄泉路。黄泉，指人死后埋葬的地穴，亦指阴间。⑤毅魄：指诗人死后不屈的灵魂。灵旗：战旗。此处指抗清的旗帜。“毅魄”两句言作者已知自己必死，但希望灵魂归来时，能看到抗清的旗帜依然在空中飘扬。

竹石

郑 燮

咬定青山不放松，立根原在破岩中。千磨万击还坚劲①，任尔东西南北风。

[作者介绍]

郑燮(1693—1765)，清诗人、书画家。字克柔，号板桥，江苏兴化人。乾隆元年(1736)进士，曾任山东范县(今属河南)、潍县县令，因得罪上司与当地豪绅而去职。为官前后均居扬州以卖画为生，善画竹、兰、石。号称画、诗、书“三绝”。为“扬州八怪”之一。著作有《板桥诗钞》《词钞》《家书》等。

[题解]

本诗另题为《题竹石画》。这首诗赞美岩石上的竹子的坚定顽强，隐喻作者风骨的刚劲。竹子傲然挺立在山上，它的根子扎在坚硬的岩石中。不管千次万次的折磨、打击，还是顽强地长在那里。不管什么方向刮来的狂风，也折不断它。

[注释]

①磨：磨折。

论诗①

赵 翼

李杜诗篇万口传②，至今已觉不新鲜。江山代有才人出③，各领风骚数百年④。

[作者介绍]

赵翼(1727—1814)，清文学家、史学家。字云崧，一字耘松，号瓯北，阳湖(今江苏常州)人。乾隆二十六年(1761)举一甲进士，授翰林院编修，迁贵西兵备道，以母老乞归，主讲安定书院，潜心著述，尤长史学，著有《廿二史札记》《陔余丛考》。诗主推陈出新，反对摹拟，多写性情，好发议论，善为谐谑之词，与袁枚、蒋士铨齐名，称为“乾嘉三家”。著作有《瓯北诗集》《瓯北诗话》。

[题解]

《论诗》五首约作于乾隆四十九年(1784)。作者针对当时诗坛上沈德潜等重扬明七子复古余焰，提出了自己的论诗主张，强调创新，反对拾人牙慧，人云亦云，跟着古人脚步走。即使像李白、杜甫这样的大家，也是可以被后人超越的。

[注释]

①本诗选自嘉庆寿考堂本《瓯北集》卷二十八。②李杜：李白、杜甫。③江山：意为天地间。④风骚：《诗经》有《国风》，《楚辞》有《离骚》，此处泛指诗坛。领风骚：为诗坛领袖，开一代风气。

己亥杂诗①

龚自珍

九州生气恃风雷②，万马齐喑究可哀③。我劝天公重抖擞④，不拘一格降人才。

[作者介绍]

龚自珍(1792—1841)，清思想家、文学家。一名易简，更名巩祚，字璱人，号定庵，浙江仁和(今杭州市)人。道光九年(1829)进士，曾官礼部主事。诗歌创作开一代风气，反映社会现实，抒写个人遭遇，含意深远，并渗透着强烈的忧国愤世激情和对未来理想社会的憧憬。其先进的思想内容、独创的艺术风格，给近代文学以深远的影响。著作有《龚自珍全集》。

［题解］

道光十九年己亥(1839)，诗人辞官南归，四月离京，七月抵杭，九月再次北上接眷，腊月携眷返抵昆山。这一年往返京杭途中，诗人共得绝句三百十五首，总题为《己亥杂诗》。这一组诗为大型自叙诗，题材极广，包括诗人的家世出身、仕宦经历、师友交往、生平著述及改革建议等。此首为原第一百二十五首，诗末有自注云："过镇江，见赛玉皇及风神、雷神者，祷祠万数。道士乞撰青词(上奏天神的表章)。"这首诗表现了诗人不满于清王朝统治下死气沉沉的社会现实，急切地召唤社会变革的风雷到来，期待一个生气勃勃的新局面出现，并表达了作者对选拔人才的关注。龚自珍曾多次揭露封建社会对人才的扼杀，指出糊涂昏聩的官僚把持朝政，优秀人才得不到重用，是当时社会腐败的根由。此诗集中体现了他的这种思想。

［注释］

①本诗选自四部备要本《龚自珍全集》。《己亥杂诗》，也叫《杂诗》。②九州：指中国。生气：生气勃勃、兴旺的景象。③喑(yīn)：哑。万马齐喑：比喻当时中国死气沉沉的社会状况。究：到底。④抖擞：振作，奋发。

忆秦娥①

李白

箫声咽②，秦娥梦断秦楼月③。秦楼月，年年柳色，灞陵伤别④。　　乐游原上清秋节⑤，咸阳古道音尘绝⑥。音尘绝，西风残照，汉家陵阙⑦。

[题解]

据邵博的《邵氏闻见录》记载，他在咸阳宝钗楼上饯客，有歌者歌此词，可见此词在北宋已传唱一时。从其风格情调看，与其说是李白所作，毋宁说是中晚唐人的手笔。词的本意当是写怀旧忆人。词人勾勒出秦楼日照、灞陵柳色、荒原古道、陵阙残照等一系列苍凉的画面，辅以幽咽的箫声、凌厉的西风，渲染出一种悲凉的意绪。但这些画面的背后隐然有抒情主人公所忆念的昔日之繁华胜游在，故而给人以强烈的今昔之感。词中的意象处处有秦汉的遗迹，因而人们读这首词往往能抽绎出超越其本意的历史沧桑感。作为审美对象，它让人感受到一种崇高的悲壮美，故王国维在《人间词话》中赞此词“纯以气象胜”，并称末两句“寥寥八字，遂关千古登临之口”。

[注释]

①选自《唐宋诸贤绝妙词选》。②咽：呜咽。③秦娥：古代秦地称美貌为娥，因用作美女的代称。这里暗用《列仙传》所载春秋时秦穆公之女弄玉的故事：相传弄玉爱上仙人箫史，婚后箫史教弄玉吹箫，作凤鸣之声，引来凤凰，后来两人双

双随凤凰飞去。梦断:梦醒。④灞陵:汉文帝刘恒的陵墓,在长安(今陕西省西安市)东,附近有灞桥,唐代人送客通常送到这里,成为习常的惜别之处。⑤乐游原:在今西安市城南,大雁塔东北,地势甚高,登此可览全城景色,为唐代长安士女节日游览胜地。清秋节:凄清的秋季。⑥咸阳古道:汉唐时由长安经过咸阳通向西北的大道。咸阳,秦代的都城,在长安西北,即今咸阳东北。音尘:指音信。⑦陵阙(què):皇帝的陵墓和矗立在墓门两侧的楼观。

渔歌子①

张志和

西塞山前白鹭飞②,桃花流水鳜鱼肥③。青箬笠④,绿蓑衣,斜风细雨不须归。

[作者介绍]

张志和,字子同,初名龟龄,婺州金华(今属浙江省)人。肃宗时诏翰林,贬南浦尉,后隐居江湖,自号"烟波钓徒",作品多写隐居时的闲散生活。著有《玄真子》及《大易》十五篇。

[题解]

张志和的《渔歌子》(又名《渔父》)共有五首,此为其第一首。通篇写景,景物似信手拈来,但配置得宜,生动传神,深得江南山水之神髓,其笔意疏淡,清新秀润,水墨淋漓,俨然王维一派的写意山水画。画中的"烟波钓徒"尤为点睛之笔,诗末更点出"不须归",洋溢出徜徉山水,恬然自得的高情雅趣。画面中凝注了词人对大自然的礼赞和挚爱,因而不仅让人领略到自然之美,而且感受到洒脱淡泊的襟怀志趣，获得高度的审美愉悦。正是这种诗中有画，画中有诗的境界使它博得了后人的赞赏，苏轼还特意将它扩充为两首《浣溪沙》与《鹧鸪天》。

[注释]

①选自《唐宋诸贤绝妙词选》。②西塞山：在今浙江省湖州市西。③桃花流水：桃花盛开时正是江水的汛期，俗称桃花水。鳜（guì）鱼：俗称桂鱼，是江南名产之一。④箬（ruò）笠：是用竹篾、箬叶编制的斗笠。

忆江南[①]

白居易

江南好，风景旧曾谙[②]。日出江花红胜火[③]，春来江水绿如蓝[④]，能不忆江南？

[作者介绍]

参见本书第 108 页“作者介绍”。

[题解]

白居易年轻时曾寓居江南，后又任过苏、杭二州刺史，秀丽的江南景色长久积淀于他的记忆深处，以致他晚年回到洛阳后还时时念及，形诸篇咏。《忆江南》三首是作于开成三年（838）的一组词，词人时年六十七岁，以太子少傅分司东都。词牌原作“望江南”，词人即事名篇，改“望”为“忆”，突出对江南故地一往情深的忆念。全词明白如话，优美流畅，而平易妥帖中却见出锻炼之功。这首词先以咏叹性的语言概括总领全篇，然后以一联对偶集中揭示其美的精髓。词人选取该地最典型的风物胜景，构成声情摇曳的对偶，堪称全词的华彩乐段。词的结尾又都以问句戛然收住，流露出无限的期待和向往，启人以美好的遐想。

[注释]

①选自《全唐诗》。②旧曾谙(ān)：过去曾经十分熟悉。③江花：江边的花。④绿如蓝：蓝是一种蓼科植物，其叶可制青绿染料。绿如蓝，江水之绿好似“蓝”的颜色。

花非花[1]

白居易

花非花，雾非雾。夜半来，天明去。来如春梦不多时，去似朝云无觅处。

[题解]

这首词的文字虽较浅近易懂，但因为用了花、雾、春梦、朝云等只有喻体而未明喻意的比喻，因而使词意含蓄朦胧，难以捉摸。有人认为它表现了作者对生活中曾经有过而又迅速消失的美好的人与物的追忆与惋惜，可备一说。后人用这首词的第一句“花非花”作为词牌名，可见其影响之大。

[注释]

①选自《全唐诗》。

菩萨蛮①

温庭筠

小山重叠金明灭②，鬓云欲度香腮雪③。懒起画蛾眉④，弄妆梳洗迟。照花前后镜⑤，花面交相映⑥。新帖绣罗襦，双双金鹧鸪⑦。

[作者介绍]

温庭筠(812—866)，原名岐，字飞卿，太原(今属山西)人。仕途不得意，官止国子助教。唐诗人、词人，其诗辞藻华丽，有少数诗作反映时政。词多写闺情，风格浓艳。现存词六十多首，在唐词人中数量最多，大都收入《花间集》。原有集子，已散佚，后人辑有《温庭筠诗集》《金荃词》。

[题解]

此词用精工富丽的笔调画出了一幅闺中仕女图。从其鬓丝缭乱的仪容，写到画眉梳洗之慵懒。正当她顾影弄姿之时，忽睹绣罗襦上成双作对的鹧鸪，最后这点睛的一笔，使全词为之醒豁，此前之娇慵疏懒，盖由其孤眠独处所致。读者不难想象出她睹物伤怀的心灵震颤、膏沐为谁容的怨艾之叹。如此笔法方使仕女的形象形神兼备。本词设色浓丽，摹状工致，炼字精到，表现出杰出的写作技巧。闺怨是从摹写人物形态中宛转流露出来的，故有吞吐含蓄、欲说还休的蕴藉韵致。它代表了典型的"花间"词风。

[注释]

①选自《花间集》。②小山一句：屏风上雕画的山。金明灭：阳光照在屏风上

金光闪烁。③鬓云：形容鬓发浓黑如云。度：度过，这里含有飞动意。香腮雪：指妇人的脸又香又白。这句写睡起时鬓发蓬乱下垂，几乎遮住了雪白的脸腮。④蛾眉：女子长而美的眉毛，亦为美人的代称。⑤“照花”句：用前后两面镜子对照插在头上的簪花。⑥“花面”句：头上的花和美人的脸交相辉映。⑦“新帖”两句：“帖”与“贴”字通，贴金，唐人一种刺绣工艺，用金线绣好花样，再贴绣在衣服上。两句意为：丝绸的短袄上有一双新贴绣上去的金色鹧鸪。

梦江南①

温庭筠

梳洗罢，独倚望江楼。过尽千帆皆不是②，斜晖脉脉水悠悠。肠断白蘋洲③。

[题解]

此首在温词中可谓独标一格，以疏宕空灵见称。词从妆罢远望写起，“独”字以下乃望中所见，景中见情，情景相生。词笔虽一气贯注，俊爽流利，细味之却又具婉曲顿宕。“过尽千帆”形容其凝望之久，期盼之切，“皆不是”陡然一转，映出其内心深深的失望。“斜晖”一句，境界悠远，似诉其深长的意思，末句斩截顿挫，大有肝肠痛裂之慨。此词语短情长，深婉含蓄实臻小令之化境，而其疏俊则下开南唐宋初之词风。

[注释]

①选自《花间集》。②帆：代指船。这句写未曾望见自己所盼的那只船，盼望心切。③肠断：极度伤心状。白蘋洲：开满白色蘋花的小洲。

菩萨蛮

韦　庄

人人尽说江南好，游人只合江南老①。春水碧于天，画船听雨眠。　垆边人似月②，皓腕凝霜雪。未老莫还乡，还乡须断肠。

[题解]

这首词描写了江南水乡的风光和人物的秀丽。词人离家后，长期客居南方，在抒发了对江南景色的依恋之情的同时，流露出对故乡的思念。本词层次清晰，形成抒情—写景—写人—抒情的结构形态，结语两句又是开头一句的深化。全词纯用白描，感情真切，笔调清新，正如《栩庄漫记》所说："自是佳词，其妙处如芙蓉出水，自然秀艳。"

[注释]

①只合：只应。②垆（lú）：酒店中安放酒坛之处。本句取意《史记·司马相如传》："买一酒舍酤酒，而令（卓）文君当炉（通'垆'）。"

虞美人①

李　煜

春花秋月何时了，往事知多少②。小楼昨夜又东风，故国不堪回首月明中③。　　雕栏玉砌应犹在④，只是朱颜改⑤。问君能有几多愁⑥，恰似一江春水向东流。

[作者介绍]

李煜(937—978)，字重光，号钟隐，初名从嘉，徐州(今属江苏省)人。南唐中主李璟第六子，961年嗣位，史称南唐后主。他在位十五年，宋太祖开宝八年(975)，宋将曹彬攻破金陵，李煜肉袒出降，被俘至汴京(今河南开封)，封违命侯，软禁为囚。太平兴国三年(978)七月卒，据宋人王銍《默记》载，系为宋太宗赵光义赐牵机药所毒死。李煜通晓音乐，善诗文，工书画，尤精填词。其词直抒胸臆，纯真自然，具有高度的抒情技巧。语言清新洗练，形象又富于概括力，对丰富和发展词的表现能力和艺术风格，起到很大的推动作用。他的词对北宋词人晏殊、欧阳修、柳永、秦观等产生过影响。李煜今存词三十多首，南宋人将他与李璟的词合辑为《南唐二主词》。

[题解]

本词是李煜入宋以后幽囚汴京时作。由万人之上的君主，转而为阶下之囚，这种身份的强烈反差，带来了无穷无尽的愁绪。有记载说他归朝后给金陵旧宫人书云："此中日夕，只以泪洗面。"(王銍《默记》卷下)这首词集中概括了李煜作为亡国之君所体会到的独特又典型的身世之感。春花秋月、小楼东风以及雕栏玉砌，一切具有生命力美感的事物，在词人眼里，只能增加他今昔对比后的愁怀。结拍两句，一问一答，词语摇曳生姿，比喻耐人寻味，是千古传诵的名句。李煜也因此遭祸。

[注释]

①选自《唐五代词》。②这句意为：春花秋月最易勾起欢乐往事的回忆，因而怕见它，故云"何时了"。③故国：指南唐。④雕栏玉砌：指南唐宫殿的精美建筑。⑤朱颜改：暗指亡国。一说作者自伤形容憔悴。朱颜：即红颜，年轻的容颜。

⑥问君：作者设问，实即自问。

相见欢[①]

李　煜

林花谢了春红，太匆匆。无奈朝来寒雨晚来风。　　胭脂泪，留人醉，几时重[②]。自是人生长恨水长东。

[题解]

这首词可能写于李煜入宋以后。词以春光渐老、林花谢落的景物入笔，引出词人对人生的主观感受。由自然至人事，便带出“自是人生长恨水长东”的无可奈何之叹。“胭脂泪”一段的三字句，以人世间最为凄艳动人的典型事件作铺陈，从而使结尾的一般性质的人生之慨得到了生动的渲染。

[注释]

①选自《唐五代词》。②胭脂泪：指女子的眼泪。全句意为：因惜别而流泪，互相劝酒，不知道什么时候才可以再度相聚。

相见欢[①]

李　煜

无言独上西楼，月如钩。寂寞梧桐深院锁清秋。　　剪不断，理还乱，是离愁。别是一番滋味在心头。

[题解]

一名《乌夜啼》。这首词用简约的文字勾画了寂寞清秋夜的环境,几株梧桐,一弯新月,衬托出词人孤独凄苦,离愁满怀的心境。这是后主亡国后的作品:由昔日万人之上,成为现在的阶下之囚;车水马龙的繁华岁月,歌舞宴乐的花朝月夕,已如过眼烟云。这万千愁绪,纠缠如乱丝,不可言传,却别具一番滋味。词人巧妙地以"剪不断,理还乱"的暗喻手法,将这种无可名状的抽象离思,谐婉而形象地传达了出来。南宋黄升评此词说:"最悽婉,所谓亡国之音哀以思。"(《花庵词选》)

[注释]

①选自《唐五代词》。

浪淘沙①

李 煜

帘外雨潺潺,春意阑珊②。罗衾不耐五更寒。梦里不知身是客,一饷贪欢③。　　独自莫凭阑,无限江山。别时容易见时难④。流水落花春去也,天上人间。

[题解]

一名《浪淘沙令》。这首词作于后主晚期。据蔡絛《西清诗话》:"南唐李后主归朝后,每怀江国,且念嫔妾散落,郁郁不自聊,尝作长短句云:'帘外雨潺潺……'含思凄惋,未几下世。"词以梦中与梦后两个世界作对比,以梦中的短暂偷欢与梦后的无限凄凉，显示作者心情的萧索、空虚和痛苦。结尾处“别易会难”的感慨、“流水落花”的比喻，更深化了词的内涵，使得后主的“莫凭阑”之恨，不局限于个人的身世，而是涵盖了深沉的亡国之痛。

[注释]

①选自《唐五代词》。②潺（chán）潺（chán）：指雨声。阑珊：残尽。③一饷（xiǎng）：片刻。一作“一晌”，义同。④语出《颜氏家训·风操》：“别易会难。”又曹丕《燕歌行》：“别日何易会日难。”

谒金门[①]

冯延巳

风乍起，吹皱一池春水。闲引鸳鸯香径里，手挼红杏蕊[②]。　　斗鸭栏干独倚[③]，碧玉搔头斜坠。终日望君君不至，举头闻鹊喜。

[作者介绍]

冯延巳（904—960），字正中，南唐广陵（今江苏扬州）人，事元宗李璟，官至中书侍郎左仆射同平章事，是当时词坛的大家。他的作品较多，调新词畅，对北宋小令有一定影响。

[题解]

这首词写一个女子在春天里无法排遣的愁苦。作者精心设计了人物的种种活动，传神地表现了女主人公的内心隐秘。开头以春风吹皱春水，写出女子心中的波动不安，“闲引”“手挼”“独倚”“斜坠”，则是这波动不安的外在表现。结尾处

“举头闻鹊喜”，点明题意，将女子内心流动的思绪推向高潮。这是一首以形写神的范作。本词的开头两句，是传诵至今的名句。据说中主李璟曾问冯延巳：“吹皱一池春水，干卿何事？”冯延巳赶紧回答：“未如陛下‘小楼吹彻玉笙寒’。”（见马令《南唐书》）

[注释]

①选自《唐五代词》。②手挼：揉搓。③斗鸭栏干：《三国志·吴书·陆逊传》：“时建昌侯虑于堂前作斗鸭栏，颇施小巧。”古时民间有以鸭相斗为戏者。

雨霖铃

柳 永

寒蝉凄切，对长亭晚，骤雨初歇。都门帐饮无绪①，留恋处，兰舟催发。执手相看泪眼，竟无语凝噎②。念去去，千里烟波，暮霭沉沉楚天阔③。　　多情自古伤离别，更那堪，冷落清秋节！今宵酒醒何处？杨柳岸，晓风残月。此去经年，应是良辰好景虚设。便纵有千种风情，更与何人说？

[作者介绍]

柳永（约 987—约 1053），原名三变，字耆卿，排行第七，建州崇安（今福建崇安）人。仁宗朝进士，授睦州团练使推官，累迁屯田员外郎，世称“柳屯田”。一生仕途坎坷不平，却以乐章擅名。早年屡试不中，流连歌馆坊曲，创作了大量表现市民生活情趣的通俗慢词，深受宋代民众的喜爱，以致“凡有井水饮处，即能歌柳词”（南宋叶梦得：《避暑录话》卷三）。中举后，转对雅词感兴趣，审美情趣骤变，获得文人骚客的欣赏，称赞他“不减唐人妙处”（宋赵令畤：《侯鲭录》引苏轼语）。

因此，无论他的俗词，还是雅词，都对宋词的发展兴盛产生过深刻的影响。有《乐章集》传世。

[题解]

这首写离情的词，是作者离开汴京与恋人惜别时所作。词人以冷落的秋景作为衬托，倾吐内心深处不堪分离的痛苦感情，层层铺叙，前后照应，刻画出一幅情景交融、景无边而情无限的人生写意图。通篇结构自然，如行云流水，抒情写景，实说虚设，有点有染，十分精当，代表了作者慢词创作的艺术成就，是宋元时期广泛流传的"宋金十大曲"之一。

[注释]

①都门帐饮：在京城门外设置帐幕宴饮，这是古代为友人送别的一种习俗。无绪：没有情绪。②凝噎：喉咙里好像塞住了，说不出话来。③念去去：化用唐孟浩然《送吴悦游韶阳》"去去日千里，茫茫天一隅"的句意。

凤栖梧

柳 永

伫倚危楼风细细，望极春愁，黯黯生天际①。草色烟光残照里，无言谁会凭阑意。　　拟把疏狂图一醉②，对酒当歌③，强乐还无味④。衣带渐宽终不悔⑤，为伊消得人憔悴⑥。

[题解]

这是一首怀人之作。从伤高怀远起调，状写孤单凄凉之感，借酒浇愁，仍然无法排遣，最后，作者表示甘心情愿领受这种感情的重压，矢志不渝。全词仅第一句叙事，其余全是抒情，却故意闪烁其词，迟迟不肯点破，直到最后一句，才说明执着追求的是“伊”。王国维称之为“专作情语而绝妙者”，“求之古今人词中，曾不多见”（《人间词话删稿》卷一一）。王国维还借用该首词中“衣带渐宽终不悔，为伊消得人憔悴”两句，作为古今成大事业、做大学问的人所必须经过的三种境界的第二境。

[注释]

①黯（àn）黯（àn）：迷蒙不明。②拟把：打算。疏狂：粗疏狂放，不受礼法的约束。③对酒当歌：曹操《短歌行》：“对酒当歌，人生几何？”④强（qiǎng）乐：强颜欢笑。⑤衣带渐宽：由于人逐渐消瘦，衣带也逐渐宽松起来。取意于古诗《行行重行行》中的“相去日已远，衣带日以缓”。⑥伊：她。消得：值得。

苏幕遮

怀旧①

范仲淹

碧云天，黄叶地②。秋色连波，波上寒烟翠③。山映斜阳天接水。芳草无情，更在斜阳外④。　　黯乡魂，追旅思⑤。夜夜除非，好梦留人睡。明月楼高休独倚。酒入愁肠，化作相思泪。

[作者介绍]

范仲淹（989—1052），字希文，苏州吴县（今江苏苏州）人。大中祥符进士。

小时候家境贫困,刻苦自学成才。任地方官时,兴修水利,为民称道。入朝后遇事敢言,因得罪权臣,被指为朋党。康定元年(1040 年)起,与韩琦共同主持陕西军务,使西夏不敢来犯。庆历三年(1043),入为枢密副使,拜参知政事,与富弼、欧阳修等推行庆历新政,试图革除弊政。因反对势力中伤,再次被诬为朋党而离朝。卒谥文正。他的诗、词和散文都很有影响,有《范文正公集》传世。

[题解]

这首词抒写羁旅思乡之情。上片写景,在阔远的秋景中,点出家乡遥远,极目难寻。下片因景生情,专抒离恨,前后融贯,浑然一体。题材虽然不脱传统的离愁别恨的范围,但意境之广阔却为其他词中少见,清谭献《词辨》认为这首词"大笔振迅",是很恰当的。

[注释]

①宋黄升《唐宋诸贤绝妙词选》选录这首词,词牌下注"别恨"。②黄叶:一作"红叶"。③波:代指水。寒烟:秋寒的烟霭。④芳草:在诗词中,芳草是乡思离情的触媒。这里,它遥接天涯,远连故乡,更在夕阳的照射之外;游子思乡情切,而它却是那么无情地逗人愁苦。⑤黯乡魂:因为怀念家乡而内心凄怆。南朝江淹《别赋》"黯然销魂者,唯别而已矣"。追旅思:撇不开羁泊异乡的愁思。

渔家傲

秋思

范仲淹

塞下秋来风景异①,衡阳雁去无留意②。四面边声连角起③。千嶂里,长烟落日孤城闭④。　　浊酒一杯家万里⑤，燕然未勒归无计⑥。羌管悠悠霜满地⑦。人不寐，将军白发征夫泪⑧。

[题解]

这首词是作者镇守西北边疆时所作。宋魏泰《东轩笔录》说："范文正公守边日，作《渔家傲》乐歌数阕，皆以'塞下秋来'为首句，颇述边镇之劳苦，欧阳公（欧阳修）尝呼为穷塞主之词。"可惜，这组以边塞生活为题材的词作早已散失，只剩下现在这一首了。上片描绘边塞的风光，下片表现出作者守卫边防的决心，以及功业未建、思乡情切的复杂心情。格调苍凉而悲壮，感情深沉而郁抑，内情外景达到水乳交融的艺术境界。

[注释]

①塞（sài）下：边界上驻扎军队的险要之处，这里指西北边塞。②衡阳：今湖南省衡阳市。其城南有回雁峰，相传雁到此不再南飞。③边声：边地的各种声音，包括马嘶、风吼、战鼓声等。角：古时军中乐器。长五尺，形如竹筒，本细末大。军中用吹角来表示晨昏。④嶂：直立如屏障一样的山峰。长烟落日：化用唐王维的名句"大漠孤烟直，长河落日圆"。孤城闭：借用唐杜甫"孤城早闭门"的意境。⑤浊酒：颜色混浊的米酒。这句说，一杯米酒，销不了浓重的乡愁。⑥燕（yān）然：山名，即今蒙古国境内的杭爱山。东汉车骑将军窦宪击溃匈奴北单于，登燕然山，刻石纪功而回。勒：刻。这句意为战事未了，功业未就，还不能回家。⑦羌管：羌笛。霜满地：唐李白《静夜思》云："床前明月光，疑是地上霜。"这里，既是对秋霜的实写，又借用李白诗中的思念故乡的意境。⑧将军：这里指作者自己。征夫：出征西北、戍守边塞的士兵。清彭孙遹（yù）在《金粟词话》中认为，"将军白发征夫泪"这一句"苍凉悲壮，慷慨生哀"。

浣溪沙

晏殊

一曲新词酒一杯，去年天气旧亭台①。夕阳西下几时回？　　无可奈何花落去，似曾相识燕归来②。小园香径独徘徊。

[作者介绍]

晏殊(991—1055)，字同叔，抚州临川(今江西抚州)人。十四岁以神童入试，赐同进士出身，累官知制诰、翰林学士、集贤殿大学士、同中书门下平章事兼枢密使，死后谥“元献”。晏殊是北宋前期婉约派词人的代表之一，有《珠玉词》，存词120余首。其词上承五代花间及南唐韦庄、冯延巳等人清切婉丽的余韵，下开晏几道、秦观等婉约派蕴藉淡雅的先风，在北宋前期词坛上据有重要地位。晏殊与其子晏几道合称“二晏”，他本人被称为“大晏”。

[题解]

此词抒发作者暮春傍晚的感受，却迥异于一般的“伤春”，因为词人在抒发感情时始终未忘理性的思索，故富有哲理而耐人寻味。上片写词人饮酒听曲，见亭台池阁，夕阳西下依稀似去年而生感慨。下片以“无可奈何花落去，似曾相识燕归来”一联深切地表现出一个理性诗人对时光流逝、年华难再的哲学体验。结拍承此一联自然收结，描绘出为此哲学体验而深深思索、独自徘徊的词人自我形象，令读者亦随之思考，随之怅惘。

[注释]

①此句出唐代郑谷《和知己秋日伤怀》:“流水歌声共不回,去年天气旧池台。”②无可奈何二句:《复斋漫录》云:“晏元献因观王琪大明寺诗板,大加称赏,召至同馆,步游池上。时春晚有落花,晏公云:‘每得句或弥年不能对。即如‘无可奈何花落去’,至今未能对。’王应声曰:‘似曾相识燕归来。’自此辟置荐馆职。”又晏殊另有七律《示张寺丞王校勘》,诗之第五、六句即此一联,诗之第二句即此词结句(仅“香”字改“幽”)。可见晏殊本人对此联颇为自我欣赏。

蝶恋花

晏 殊

槛菊愁烟兰泣露①,罗幕轻寒,燕子双飞去。明月不谙离恨苦,斜光到晓穿朱户。　　昨夜西风凋碧树,独上高楼,望尽天涯路。欲寄彩笺兼尺素②,山长水阔知何处。

[题解]

这是一首伤离怀远之作,虽略有感伤而仍葆有珠玉般的流丽温润。上片先以兰菊之愁泣起兴,然后以“罗幕”两句衬托词人的孤独凄清。过拍借怨明月之无知点明“离恨”,叙词人因“离恨”而彻夜难眠。下片境界转为阔大,“昨夜”句承上叙词人因不眠而早起独自登高望远,“西风凋碧树”抒写美好的事物被摧残的悲哀,“望尽天涯路”显示怀念之深切,又流露怀远之无补。这三句令人联想到晏殊《浣溪沙》的名联“满目山河空念远,落花风雨更伤春”,除了以悲秋代替伤春之情而外,其思想内涵何等一致!结拍两句将欲寄书信的迫切愿望与无处可寄的空虚迷惘作对比,一放一收之间,词人的深沉叹息如闻。王国维在《人间词话》中将"昨夜西风凋碧树,独上高楼,望尽天涯路"比古今成大事业、大学问的三种境界之第一种,虽与词句的原意距离很远,却合乎其高远辽阔的意象特征。这三句词之成为名句,也正是这个原因。

[注释]

①"槛菊"句:槛外秋菊蒙上一层轻烟,似乎正脉脉含愁;兰草上沾有晨露点点,好像在默默流泪。②彩笺、尺素:均借代书信。

蝶恋花[①]

欧阳修

庭院深深深几许[②]?杨柳堆烟[③],帘幕无重数[④]。玉勒雕鞍游冶处[⑤],楼高不见章台路[⑥]。

雨横风狂三月暮[⑦]。门掩黄昏,无计留春住[⑧]。泪眼问花花不语,乱红飞过秋千去[⑨]。

[作者介绍]

欧阳修(1007—1072),北宋文学家,史学家,字永叔,号醉翁,六一居士,吉州庐陵(今江西吉安)人。进士出身。历官知制诰、翰林学士、枢密副使、参知政事等。早年支持范仲淹,要求在政治上有所改良,因此屡遭贬谪。晚年思想趋于保守。神宗熙宁四年(1071)以太子少师致仕,卒赠太子太师,谥文忠。是北宋古文运动的领袖,唐宋八大家之一。写作风格,散文说理畅达,抒情委婉;诗风与其散文近似,语言流畅自然,其词婉约清丽。曾与宋祁合修《新唐书》,并独撰《新五代史》。有《欧阳文忠公集》。

[题解]

这是一首伤春词，写一个独守深闺的妇女的悲哀，表达了词人对不幸女子的同情，并借此抒发自己郁郁不得志的感慨。全词写得含蓄蕴藉，婉曲幽深。开篇首句“深深深”三字叠用堪称一绝，真切地把主人公苦闷寂寞的感受表达了出来。李清照《临江仙》词小序云：“欧阳公作《蝶恋花》，有‘深深深几许’之语，予酷爱之，用其语作‘庭院深深’数阕，其声即旧《临江仙》也。”而她那首著名的《声声慢》开篇连用十四个叠字，也是受欧词之启发。明末清初词评家毛先舒还把“泪眼问花”两句作为“层深而浑成”(《古今词话》)的典范。因花而有泪，因泪而问花，问花花不语，不但不语又乱落乱飞，飞到昔日和丈夫嬉戏过的秋千那儿去，更觉悲凉寂寞。两句中竟包含了这么多复杂的意味，极耐人寻味。

[注释]

①这首词又见于冯延巳《阳春集》。李清照、黄升等都认为是欧作，他们是宋人，当不误。②几许：多少。③“杨柳”句：烟雾笼罩着杨柳凝聚不散。④这句谓深院里帘幕重重数不清。黄蓼园的《蓼园词选》则将此解释为“杨柳烟多，若帘幕之重重者”。⑤玉勒雕鞍：镶玉的马笼头和雕花的马鞍，此指华贵的车马。游冶处，指歌楼妓院。⑥这句是说，在高楼上看不到薄幸的情人游冶的处所。章台路：指歌楼妓馆等玩乐的地方。⑦雨横(hèng)：雨势凶猛。⑧无计：无法。⑨乱红：零乱的落花，象征暮春时节。

生查子

欧阳修

去年元夜时①，花市灯如昼②。月上柳梢头，人约黄昏后。　　今年元夜时，月与灯依旧。不见去年人，泪满春衫袖。

[题解]

这首词描写男女青年的爱情。上下两阕所抒情感截然不同。上阕主人公对去年元夜甜情蜜意的往事回忆和下阕今年元夜“不见去年人”的惆怅感伤形成强烈的对比，从而将那种物是人非、旧情难续的感伤表现得淋漓尽致。全词语言通俗，结构明快，用词贴切，意境自然明朗。这首词另见于朱淑真的《断肠词》。南宋曾慥《乐府雅词》和清代况周颐《蕙风词话》均把这首词列为欧阳修的词。

[注释]

①元夜：即元宵节。②花市：繁华的街市。

临江仙

晏几道

梦后楼台高锁，酒醒帘幕低垂①。去年春恨却来时。落花人独立，微雨燕双飞②。　　记得小苹初见，两重心字罗衣③。琵琶弦上说相思。当时明月在，曾照彩云归④。

[作者介绍]

晏几道(约1048—约1120)，字叔原，号小山，晏殊的幼子，北宋后期著名的婉约派词人，有《小山词》共256首传世(据《全宋词》)。晏几道政治上倾向于旧党，一生沉沦下僚，只做过“监颍昌许田镇”之类的小官。《小山词》以往昔爱情的回忆为主题。其词多感伤情调，清代词论家陈廷焯《白雨斋词话》云：“晏小山工于言情”,“自有艳词,更不得不让伊独步”,可见《小山词》长于爱情描写早有定论。

[题解]

这是一首怀念青年时代所眷恋的歌女小蘋的名作。词人为她创造出最能衬托凸显其性格的优美环境,充分展示了她的形象美和心灵美。“落花人独立,微雨燕双飞”以静态的场景衬映其美丽而沉静的形象;“记得”三句特写与小蘋初见时她穿着心字罗衣弹奏着琵琶诉说着相思的场景,显示其深于情专于情的性格特征;结尾又描绘了另一幅图景:在月明如水的深夜,小蘋宴罢归去,她的背影越去越远,似一片飘荡的彩云消失在天边。这三个变化的场景正映衬出小蘋的沉静、热烈而纯洁。

[注释]

①“梦后、酒醒”两语互文。②落花两句用翁宏《宫词》原句。(见《诗话总龟》前集卷十一)③心字罗衣:明代杨慎《词品》卷二:“心字罗衣则谓心字香熏之尔,或谓女人衣曲领如心字。”俞平伯《唐宋词选释》云:“疑指衣上的花纹。‘心’当是篆体,故可作为图案。‘两重心字’,殆含‘心心’义。”④彩云:喻美人,这里指小蘋。李白《宫中行乐词》八首之一:“只愁歌舞散,化作彩云飞。”

水龙吟①

次韵②章质夫杨花词

苏　轼

似花还似非花,也无人惜从教坠③。抛家傍路,思量却是,无情有思④。萦损柔肠⑤，困酣娇眼⑥，欲开还闭。梦随风万里，寻郎去处，又还被、莺呼起⑦。

不恨此花飞尽，恨西园、落红难缀。晓来雨过，遗踪何在？一池萍碎⑧。春色三分，二分尘土，一分流水⑨。细看来，不是杨花，点点是离人泪⑩。

[作者介绍]

参见本书第135页“作者介绍”。

[题解]

这首杨花词是为和(hè)章质夫的词而作的。作为咏物词，此词的妙处全在不离不即，也就是既写出了杨花的性状特征，又不拘泥于杨花，而是升华为一种深挚的情致。那纷纷坠落、抛家傍路、随风万里的意象，既是杨花的写真，又是思妇的化身。二者若即若离，似幻复真，虚实相生，笔法参互交错，花人不辨，意趣横生。上片的咏物拟人又生出下片的惜春之情，既表现了思妇的缠绵悱恻，也抒发了词人的幽独哀怨，而此情此景无一不由杨花生出。一笔两意，韵味无穷。缘情状物达到了物我交融、浑化无迹的境界，因而开头一句实为本词之纲。这首词的运思之妙、情韵之美使它赢得了咏物词压卷之作的美誉。本词作于元祐二年(1087)，时苏轼在汴京任翰林学士。

[注释]

①选自《东坡乐府》。②次韵：依照别人原韵而作诗词。章质夫，名楶(jié)，浦城(今属福建)人，时官吏部郎中。他以《水龙吟》词牌作了一首《杨花词》，苏轼此首乃是和(hè)作。③惜：怜惜。从教坠：任凭杨花飘落。④无情有思：杨花看似无情，实则富有情意。思，用作名词。韩愈《晚春》：“杨花榆荚无才思，惟解漫天作雪飞。”章词用其意，而苏词则反其意而用之，兼用杜甫《白丝行》诗意：“落絮游丝亦有情。”⑤萦：指愁思萦回牵绕。柔肠：柳枝柔细，故以肠喻。⑥困酣：困倦之极。娇眼：古人诗赋中称初生柳叶为柳眼，故以娇眼喻之。⑦化用唐金昌绪

（一作盖嘉运）《春怨》："打起黄莺儿，莫教枝上啼。啼时惊妾梦，不得到辽西。"⑧一池萍碎：苏轼自注："杨花落水为浮萍，验之信然。"此说由来已久，但无科学根据。⑨"春色"三句：唐徐凝《忆扬州》："天下三分明月夜，二分无赖是扬州。"又宋初叶清臣《贺圣朝》："三分春色二分愁，更一分风雨。"苏词用其机杼。"二分尘土"呼应"抛家傍路"，"一分流水"意承"一池萍碎"，形容花事已尽，春归无迹。⑩"细看来"句：由唐人诗"君看陌上梅花红，尽是离人眼中血"点化而来。

江城子[①]

密州出猎

苏轼

老夫聊发少年狂，左牵黄，右擎苍②。锦帽貂裘③，千骑卷平岗④。为报倾城随太守⑤，亲射虎，看孙郎⑥。　酒酣胸胆尚开张⑦。鬓微霜，又何妨！持节云中，何日遣冯唐⑧？会挽雕弓如满月⑨，西北望，射天狼⑩。

[题解]

熙宁八年(1075)冬，正任密州知州的苏轼曾与同僚在祭常山的归途中会猎于铁沟，写了这首出猎词。词中描绘他率部从打猎的壮观场面，活现出他的豪情壮举，并进而抒发其请缨报国的雄心大志。当时辽国和西夏是宋朝的主要威胁，宋廷只能以屈辱求和换得一时的苟安，苏轼由出猎而思赴边抗敌，遂使此词的境界意义有所升华。此词气概豪迈，笔力健劲，一扫传统的软媚词风，对词境的拓展有重大意义。因而，作者本人也十分自负，认为足以自成一家，可令"壮士抵掌顿足而歌之，吹笛击鼓以为节，颇壮观也"(《与鲜于子骏书》)。

[注释]

①选自《东坡乐府》。②"左牵"两句：左手牵黄狗，右臂举苍鹰，二者都是打猎时追捕猎物的动物。③锦帽貂裘：原为汉代羽林军装束，此指随猎者全副戎装。④千骑(jì)：千名骑士，形容从猎者之众，并暗示知州身份。古代"诸侯千乘"，后州郡长官与之约略相当，故汉乐府《陌上桑》称太守"东方千余骑"。⑤为了报答民众倾城相随的盛意。报，一作"报知"解，即告知百姓，使随我出猎，亦通。太守：汉代郡守名，宋时仍习称知州为太守，此作者自指。⑥《三国志·吴书·孙权传》载孙权曾"亲乘马射虎于亭"，孙郎即孙权，此以自比。⑦尚：更加。⑧冯唐：《史记·冯唐列传》载汉文帝时魏尚为云中(内蒙古托克托一带)太守，抵御匈奴有功，后因上报的杀敌数与实际不符而受处罚。冯唐向文帝进谏，文帝便派冯唐持节去赦魏尚之罪，恢复其原职，冯唐亦被任为车骑都尉。此二句表示愿出守边域，效力疆场。节：使者所持的凭信，以竹竿缀牦牛尾制成。⑨会：会当，定将。满月：形容尽力拉满弓。⑩射天狼：比喻战胜敌国。天狼原为星名，旧说此星主侵掠，此喻侵犯北宋的辽与西夏。《楚辞·九歌·东君》："举长矢兮射天狼。"此化用之。

江城子[①]

乙卯[②]正月二十日夜记梦

苏 轼

十年生死两茫茫[③]，不思量，自难忘。千里孤坟[④]，无处话凄凉。纵使相逢应不识，尘满面，鬓如霜。　　夜来幽梦忽还乡。小轩窗[⑤]，正梳妆。相顾无言，惟有泪千行。料得年年肠断处，明月夜，短松冈[⑥]。

[题解]

此词为悼亡之作，写于密州。王氏与苏轼是结发夫妻，恩爱情笃，她不幸在二十七岁早逝，十年后苏轼夜梦亡妻，感赋此词。从理智上说，词人深明生死阻隔，幽明难通；但从感情上说，旧情难忘，刻骨铭心，故全词交织着痴情的梦幻与痛苦的现实。词人将亡妻的音容举止描绘得栩栩如生，渴望与她重聚话旧，但又以假设、推想或梦境点明其虚幻，且写其若即若离，悲苦无言，不若生人之缱绻亲昵。词人以朴素的语言展现出的这一似幻亦真的境界，正是他至情的流露，也是此词的别具特色之处。苏轼开创了词的豪放风格，是“豪放派”词家的代表人物。但性情豪阔的苏轼也有柔情似水的一面，因而他的词作不尽是气势磅礴，豪气干云，也有不少情意绵绵，轻柔婉约。在他的“婉约”词中，数他这首悼念自己亡妻的作品最为深挚动人。上片记述现实，下片描写梦境，成为历代悼亡诗词的代表作。

[注释]

①选自《东坡乐府》。②乙卯：熙宁八年(1075)。③据苏轼《亡妻王氏墓志铭》，其妻王弗治平二年(1065)卒于京师，至作词时适十年。④千里孤坟：王弗之墓在眉山东北彭山县安镇乡可龙里。⑤小轩窗：闺房窗前。轩：有窗槛的长廊或小室。⑥短松冈：指坟墓所在山地。

水调歌头①

苏　轼

丙辰中秋②，欢饮达旦，大醉，作此篇，兼怀子由③。

明月几时有？把酒问青天④。不知天上宫阙，今夕是何年⑤？我欲乘风归去，又恐琼楼玉宇⑥，高处不胜寒⑦。起舞弄清影，何似在人间⑧？　转朱阁，低绮户，照无眠⑨。不应有恨，何事长向别时圆⑩？人有悲欢离合，月有阴晴圆缺，此事古难全。但愿人长久，千里共婵娟⑪。

[题解]

熙宁九年(1076)在密州(山东诸城)作。苏轼由朝廷外放为地方官，政治上抑郁不得志，此时与胞弟苏辙分别已有七年而不得团聚，故对月抒怀，尽吐积愫。全篇由对天问月开头，以对月祝愿作结。由问月而生离尘升天之想，复又执着于人间世事；但人间依然烦恼丛生，故又责怪月之不解人意；最后从宇宙人生之理中获得解脱，以共赏明月作为心灵的慰藉。全词想象丰富，俯仰古今，意境阔大高远，展现出博大的胸襟。同时，笔势极夭矫曲折之能事，层层转折，深刻揭示了进退出处的人生矛盾与徘徊迷惘的复杂心态。上下片都将写景、抒情完美地融为一体，上片写自我的精神追求，下片写普遍的人生启示；上片执着人生，下片善处人生，表现了作者热爱生活、情怀豁达的性格特点。词中意境纯美，有深情，有至理，千百年来深入人心。此词一向被推为中秋词中的绝唱，诚所谓："中秋词自东坡《水调歌头》一出，余词尽废。"(胡仔：《苕溪渔隐丛话》后集卷三十九)

[注释]

①选自《东坡乐府》。②丙辰：熙宁九年。③子由：苏辙字。时苏辙为齐州(山东济南)掌书记。④"明月"两句：李白《把酒问月》："青天有月来几时？我今停杯一问之。"此用其意。此处之"有"乃开始出现之义。⑤"不知"两句：托名牛僧孺之《周秦行纪》(或说实韦瓘所作)："香风引到大罗天，月地云阶拜洞仙。共道人间惆怅事，不知今夕是何年。"⑥琼楼玉宇：指月宫。段成式《酉阳杂俎》前集卷二载翟天师与弟子玩月："见月规半天，琼楼金阙满焉。"⑦"高处"句：月宫高寒之说由来已久。《淮南子·天文训》："积阴之寒气为水，水气之精者为月。"又《龙城录》载唐玄宗游月宫，见榜曰："广寒清虚之府。"后遂称月宫为广寒宫。⑧"起舞"两句：月下起舞，清影随人，月宫的清冷怎比得上人间的美好。何似：哪像。

⑨低：指月光低射。三句意为：随着月亮的转动，月色照射着华美的楼阁，低低地透进雕花的门窗，洒在难以入眠的人身上。⑩“不应”两句意为：月亮该不会有什么怨恨，但为什么总要在人们离别时团圆呢？宋石曼卿有诗云：“月如无恨月长圆。”苏词翻进一层。⑪婵娟：美好貌，指代美人，此指嫦娥，借代月亮。谢庄《月赋》：“美人迈兮音尘阙，隔千里兮共明月。”此意常为诗词所沿用。

蝶恋花[①]

苏　轼

花褪残红青杏小[②]，燕子飞时，绿水人家绕。枝上柳绵吹又少，天涯何处无芳草[③]！　　墙里秋千墙外道，墙外行人，墙里佳人笑。笑渐不闻声渐悄，多情却被无情恼[④]。

[题解]

此词写暮春景象，不仅写出了春之将残，也展现了夏日将临的活跃生机，伤春意绪中又具旷达情怀。上片写景，伤春之情自见，却归于达观；下片写人，欢声笑语如闻，复陷入烦恼。词人经历了人生波折，其错综的情结于此可见一斑，其中还渗透着人生哲理，耐人寻味。此词雅婉清丽，清人王士禛称柳永“未必能过”（《花草蒙拾》），但其超旷疏宕又非柳之缘情绮靡所能比，自是东坡本色。

[注释]

①选自《东坡乐府》。②“花褪”句：红花凋残，青杏初生。③“枝上”两句：写暮春景象，兼寓人生哲理。《离骚》：“何所独无芳草兮，又何怀乎故宇！”此句显示

其随遇而安的豁达胸襟,即《定风波》所云"此心安处是吾乡"之意。相传苏轼在惠州命侍妾朝云歌此词,歌至此二句朝云辄悲不自胜,潸然泪下。朝云何以如此伤感,因为这两句概括了人生普遍感情,容易触发沦落天涯的情思。不过,情格决定词风,二句词先一跌,后一扬,在跌宕腾挪之中,表现了深挚的感情、旷达的襟抱。正是这种达观精神,使苏轼虽然远谪天涯,依然保持其生活情趣。④恼:张相《诗词曲语辞汇释》卷五释"恼"为"撩":"言墙里佳人之笑,本出于无心情,而墙外行人闻之,枉自多情,却如被其撩拨矣。"

清平乐[①]

黄庭坚

春归何处?寂寞无行路[②]。若有人知春去处,唤取归来同住。　　春无踪迹谁知?除非问取黄鹂。百啭无人能解,因风飞过蔷薇[③]。

[作者介绍]

黄庭坚(1045—1105),字鲁直,号山谷道人,晚号涪翁,洪州分宁(江西修水)人。治平四年(1067)进士。历任地方官,哲宗元祐初召为校书郎兼国史编修官,绍圣二年(1095)以修《神宗实录》失实之罪贬黔州(四川彭水),复移戎州(四川宜宾),徽宗崇宁初流放至宜州(广西宜山)。他列名"苏门四学士"之首,以瘦硬清新的诗风开创了"江西诗派",词风豪健峭拔,基本上追随东坡。有《豫章黄先生文集》《山谷琴趣外篇》。

[题解]

这是一道惜春词,通过寻找春天的踪迹,表达对春天的无限眷恋之情。作者拟春为人，不仅欲觅其踪，还要留春同住，但春讯杳然，他又要去询问黄鹂。这种匪夷所思的奇想表现出词人对美好事物的一片痴情。最后一切均告落空。词意曲折跌宕，一波三折，宛转绸缪，在其希望、追求而至失望的情感历程中无疑寄寓着他的怀抱。此词构思独特新颖，运笔轻灵流利，词味深婉隽永，历来为人传诵。

[注释]

①选自《山谷琴趣外篇》。一本题作《晚春》。②“春归”两句意为：春去杳然，难觅其行踪。③黄鹂、蔷薇均为暮春景象。

鹊桥仙

秦 观

纤云弄巧，飞星传恨，银汉迢迢暗度①。金风玉露一相逢，便胜却人间无数②。　　柔情似水，佳期如梦，忍顾鹊桥归路③。两情若是久长时，又岂在朝朝暮暮④。

[作者介绍]

秦观（1049—1100），北宋词人。字少游、太虚，号淮海居士，高邮人。曾任秘书省正字，兼国史院编修官等职。因政治上倾向于旧党，被视为元祐党人，绍圣后累遭贬谪，文辞为苏轼所赏识，是“苏门四学士”之一。词属婉约一派，多写男女情爱，也颇有感伤身世之作。又能诗，有《淮海集》。

[题解]

此词《草堂诗余》题作《七夕》。词中歌颂了坚贞不渝的爱情。上片写七夕相会的美景,下片写依依惜别的深情。秦观以牛郎织女七夕渡银河相会的民间传说为题材写作此首小令,在众多的同类作品中最受后人称赏。原因就在于秦观精于熔裁,他只特写了织女开始渡河以及织女即将离去的场景,亦即牛郎织女相会高潮之前和之后的最适于读者想象自由飞翔的顷刻。缕缕巧云和逝去的流星似为他们一年一度的重逢创造气氛,"柔情"三句写织女不忍离去的瞬间感受。其他场景,聪明的词人都避而不写,上、下片的过拍与结句均用作评议,正面点明两个场景特写的内在涵义,显示了不同于一般词人的思想深度。"两情若是久长时,又岂在朝朝暮暮"是脍炙人口的千古名句,道出了人类爱情的真谛,格调高远,令人感奋。全词细腻曲折,节奏明快,语言简练生动,形神俱佳。

[注释]

①纤云弄巧:云彩变幻的巧妙形状。飞星传恨:流星飞越银河,似为织女向牛郎传达终年不得见面的幽恨。银汉迢(tiáo)迢(tiáo)暗度:在夜晚渡过广阔的银河相会。传说每年七月七日夜,织女渡河与牛郎相会。②这两句化用李商隐《辛未七夕》:"由来碧落银河畔,可要金风玉露时。"以及欧阳修《七夕》:"莫云天上稀相见,犹胜人间去不回。"金风:秋风。玉露:秋露。③忍顾:不忍回顾。相传七月初七喜鹊在银河上排成桥,渡牛郎织女相会。④朝朝暮暮:宋玉《高唐赋》:"妾在巫山之阳,高丘之阻,旦为朝云,暮为行雨,朝朝暮暮,阳台之下。"

踏莎行

秦 观

雾失楼台,月迷津渡,桃源望断无寻处①。可堪孤馆闭春寒,杜鹃声里斜阳暮②。　　驿寄梅花③,鱼传尺素,砌成此恨无重数。郴江幸自绕郴山,为谁流下潇湘去④？

[题解]

此词汲古阁本《淮海词》题作《郴州旅舍》，当系秦观遭贬安置郴(chēn)州(今湖南郴县)时的作品。全词抒写贬谪后的心情，音调低沉而词情悲苦。除“驿寄梅花”三句外，全系景物描写，借写景而寄情。起三句借楼台、津渡、桃源之迷失表达政治理想之幻灭。“可堪”两句以孤馆、春寒、杜鹃、斜阳等凄清景物映托词人深沉的哀愁。换头三句连用两典写词人友朋遭贬星散之离恨。结句以“郴江”“郴山”喻旧党同人之离别，极其沉痛。无怪苏轼爱此两句而自书扇头，且谓“少游已矣，虽万人何赎”(《苕溪渔隐丛话前集》卷五十引《冷斋闲话》)，可见此词感人之深。

[注释]

①这句用陶潜《桃花源记》典：意谓理想的桃花源无处追寻。②可堪：哪堪。③驿寄梅花：《荆州记》：“吴陆凯与范晔善，自江南寄梅花诣长安与晔，并赠诗曰：折梅逢驿使，寄与陇头人。江南无所有，聊赠一枝春。”④郴江：又称郴水，发源于黄岑山，北流经过郴州，其下游会合耒水及白豹水流入湘江。幸自：本是，正是。这两句隐意为：自己本来想为朝廷、百姓做一番事业，谁知会卷入政治漩涡中去呢？

横塘路

贺　铸

凌波不过横塘路①，但目送、芳尘去②。锦瑟华年谁与度③？月桥花院，琐窗朱户，只有春知处。　　碧云冉冉蘅皋暮④，彩笔新题断肠句⑤。试问闲愁都几许？一川烟草，满城风絮，梅子黄时雨⑥。

［作者介绍］

贺铸（1052—1125），北宋词人。字方回，号庆湖遗老，卫州（今河南汲县）人。曾任泗州、太平州通判，晚年退居苏州。好以旧谱填新词而改易其调名，谓之“寓声”。其词善于锤炼字句，又常运用古乐府及唐人诗句入词。内容多刻画闺情离思，也有嗟叹功名不就，纵酒狂放之作。词集名《贺方回词》，一名《东山词》，又名《东山寓声乐府》，也能诗文，诗集名《庆湖遗老集》。

［题解］

此首调名是贺铸按首句自定的，实即《青玉案》，是贺铸的成名作。此词写由过路女子引起的思念和闲愁。表面似写艳情，实则运用寄托手法，抒发抑郁不得志的闲愁。此作在当时即引起了文坛的广泛注意，苏轼、黄庭坚、李之仪等纷纷唱和。词中所咏的凌波仙子（洛神、宓妃）是贺铸常常吟咏的对象，她的形象极缥缈空灵，似仅系贺铸想象中的幻影。黄蓼园在《蓼园词选》指出：“所居横塘断无宓妃到，然波光清幽，亦常目送芳尘，第孤寂自首，无与为欢，唯有春风相慰藉而已。”此词托寓宓妃，先情后景，以景结情。结句连用三个比喻，以江南初夏的凄迷景色隐喻不得志的空虚感，赋予抽象的“闲愁”以清晰的形象，故极受时人推许，词人亦因之而被称为“贺梅子”。

［注释］

①凌波：踏波，形容女子步履轻盈。②芳尘：美人经过时扬起的尘土。凌波、芳尘皆出曹植《洛神赋》：“凌波微步，罗袜生尘。”③锦瑟华年：青春年华。④蘅（héng）：杜蘅，香草名。皋（gāo）：水边高地。此句亦出《洛神赋》：“目既西倾，车殆马烦。尔乃税驾乎蘅皋，……流眄乎洛川。……睹一丽人，于岩之畔。”蘅皋：

意为生有香草的水滨。⑤彩笔：钟嵘《诗品》卷中："（江）淹罢宣城郡，遂宿冶亭，梦一美丈夫，自称郭璞，谓淹曰：'我有笔在卿处多年矣，可以见还。'淹探怀中，得五色笔以授之。"⑥梅子黄时雨：江南夏四、五月（农历）间多雨，正值梅子成熟之时，俗称梅雨。

少年游

周邦彦

并刀如水，吴盐胜雪，纤手破新橙①。锦幄初温，兽烟不断，相对坐调笙②。低声问：向谁行宿？城上已三更③。马滑霜浓，不如休去，直是少人行④！

[作者介绍]

周邦彦（1056—1121），字美成，号清真居士，钱塘（今浙江杭州）人。宋神宗时，因献《汴京赋》得官。后来长期在州县间任职。宋徽宗时在大晟府做管理音乐的官。他懂音乐，能自作曲，向来被认为是北宋末年的大词人。他的词多写男女之情，远离现实，内容贫乏，但讲究形式格律和语言技巧，对词的发展颇有影响。

[题解]

这首词通过环境和对话的描写来表现爱情的温馨和深挚。上片写景，写室内温馨欢乐的气氛，下片写话，写恋人劝告室外寒冷勿走。用的是白描手法，但用语清新典雅，心理描写细致入微。

[注释]

①并刀：并州（山西太原）生产的刀剪，以锋利著称。如水：形容刀锋利。杜甫《戏题王宰画山水图歌》："焉得并州快剪刀，剪取吴松半江水。"吴盐：吴地产的洁白细盐。李白《梁园吟》："玉盘杨梅为君设，吴盐如花皎如雪。"纤手：纤细白嫩的手。破：剖开。橙：柑橘。②初温：刚刚被熏暖。调笙：面对面坐着吹奏笙。③向谁行：到哪里去。④直是：真是，正是。

如梦令

李清照

昨夜雨疏风骤，浓睡不消残酒①。试问卷帘人②，却道海棠依旧。知否，知否？应是绿肥红瘦③。

[作者介绍]

参见本书第 137 页"作者介绍"。

[题解]

这首小令系李清照前期之作。这首词《草堂诗余》《古今词选》等书题作"春晓"，抒写惜花伤春的情怀，以寥寥数语的对话表现了侍女与女词人的不同性格和心理特征：侍女观察的粗疏、不解伤春的率直与女词人的细致入微、感情细腻形成鲜明对比。

[注释]

①"浓睡"一句：一夜酣睡而残余的酒意未消。②卷帘人：指正在卷起帘子的

侍女。③绿肥红瘦：绿多红少。一夜狂风，吹落了红色的海棠花，显得绿叶多红花少了。

渔家傲

李清照

天接云涛连晓雾，星河欲转千帆舞。仿佛梦魂归帝所①，闻天语，殷勤问我归何处？　　我报路长嗟日暮②，学诗谩有惊人句③。九万里风鹏正举④，风休住，蓬舟吹取三山去⑤！

[题解]

这是《漱玉词》中具有豪放派词风的作品，因为它流露了词人感叹路长日暮寻求归宿之地的情感，应是她晚年临终前不久所作。《唐宋诸贤绝妙词选》《林下词选》及诗词杂俎本《漱玉词》题作"记梦"，全首即借梦境以抒情言志。首两句白描梦中景象之辽阔壮美，显示词人胸襟之博大。"仿佛"句接写词人在梦中魂归天国，过拍与换头四句合写词人与天帝的对话，打破一般词上、下片不相连属的结构，紧凑而富有内涵，天帝的关切反衬出人间的孤独寂寞，词人的答语表现出永不止息的求索精神和即将回归自然之前的迷惘，实乃女词人对自己一生的总结。回顾一生，她有着太多的爱与忧郁，却缺少老庄式的宁静；而在她孤苦的晚年暮月，出现在她梦中的理想之地却是道家的仙山蓬莱。

[注释]

①帝所：天帝所居之处，指天国。《史记·扁鹊传》与《赵世家》均有"我之帝

所甚乐”句。②路长嗟日暮：典出屈原《离骚》：“朝发轫于苍梧兮，夕余至乎县圃。欲少留此灵琐兮，日忽忽其将暮。……路漫漫其修远兮，吾将上下而求索。”此句既流露出迟暮之感又显现了她对理想的归宿之地的寻求。③谩有：空有，徒有。惊人句：典出杜甫《江上值水如海势聊短述》诗：“为人性僻耽佳句，语不惊人死不休。”④九万里风鹏正举：《庄子·逍遥游》：“有鸟焉，其名为鹏，背若泰山，翼若垂天之云，抟扶摇羊角而上者九万里。”扶摇、羊角皆飓风名。⑤蓬舟：像蓬草一般随风而去的轻舟。吹取：吹向。三山：古代传说中的三神山。《史记·封禅书》：“自威、宣、燕昭使人入海，求蓬莱、方丈、瀛洲。此三神山者，其传在渤海中，去人不远，患且至则船风引而去。盖尝有至者，诸仙人及不死之药皆在焉。其物禽兽尽白，而黄金银为宫阙。未至，望之如云，及到，三神山反居水下。临之，风辄引去，终莫能至云。世主莫不甘心焉。”

一剪梅

李清照

红藕香残玉簟秋①。轻解罗裳，独上兰舟。云中谁寄锦书来②？雁字回时，月满西楼。　　花自飘零水自流。一种相思，两处闲愁。此情无计可消除，才下眉头，却上心头③。

[题解]

此首《唐宋诸贤绝妙词选》等版本题为“别愁”。上片以独自泛舟写与夫别后之寂寞，以“红藕香残”的景观表现心情惆怅，而以盼寄锦书表现词人对离人的怀念与重聚的渴望。下片以花飘水流象征年华易逝，既拍合首句，又托出下句“一种相思，两处闲愁”，将双方两地相思之情连而为一。结拍又以词人眉间表情的微妙变化表现自己内心深处无法排遣的思念。李廷机《草堂诗余评林》称此词“尽离别之情，语意飘逸，令人省目”。

[注释]

①玉簟(diàn)：精美的竹席。②锦书：书信的美称。③“此情”三句：范仲淹《御街行》：“都来此事，眉间心上，无计相回避。”

醉花阴

李清照

薄雾浓云愁永昼，瑞脑销金兽①。佳节又重阳，玉枕纱厨②，半夜凉初透。

东篱把酒黄昏后③，有暗香盈袖④。莫道不消魂，帘卷西风，人比黄花瘦⑤。

[题解]

此首有版本题为“九日”“重阳”或“重九”，系李清照早期与丈夫赵明诚分别后所作作品。上片从白昼的愁闷写至夜半的寂寞孤独，而以“佳节又重阳”点明时令。换头两句写黄昏对秋菊而独酌的冷清，更显离情之愁苦难遣。结拍三句正面点出相思令人憔悴魂销，而以黄花之瘦与己对比，显示女词人之高洁品格，立意深远。据元人《琅嬛记》卷中引《外传》介绍：“易安以《重阳·醉花阴》词函致明诚。明诚叹赏，自愧弗逮，务欲胜之。一切谢客，忘食忘寝者三日夜，得五十阕，杂易安作，以示友人陆德夫。德夫玩之再三，曰：‘只三句绝佳’。明诚诘之，曰：‘莫道不销魂，帘卷西风，人比黄花瘦。’正易安作也。”所云虽不一定是事实，亦可见后人对此三句评价之高。

[注释]

①金兽:铸成兽形的铜香炉。②玉枕:瓷枕的美称。纱厨:以木制框,框上糊以绿色轻纱,形如小屋,中可置榻,以避蚊蝇,称为“碧纱厨”,简称“纱厨”,亦名“蚊厨”。③东篱:陶潜《饮酒》:“采菊东篱下,悠然见南山。”泛指菊圃。④暗香:指菊花的清香。⑤人比黄花瘦:语出司空图《诗品》:“落花无言,人淡如菊。”借菊花喻己品格。

声声慢①

李清照

寻寻觅觅,冷冷清清,凄凄惨惨戚戚。乍暖还寒时候,最难将息②。三杯两盏淡酒,怎敌他、晚来风急③?雁过也,正伤心,却是旧时相识。　　满地黄花堆积,憔悴损,如今有谁堪摘④?守着窗儿,独自怎生得黑⑤?梧桐更兼细雨,到黄昏、点点滴滴。这次第,怎一个愁字了得⑥!

[题解]

本词《草堂诗余别集》文津阁四库全书本《漱玉词》等题作“秋情”。据此词所写情境,必为李清照晚岁之作。1127 年,金兵攻陷北宋京都汴京,汉族政权被迫南迁。这一重大的历史变故使李清照的生活发生了很大变化。南渡后不久,丈夫赵明诚染病身亡,接着金兵南下,她孤独一人,满怀难言的苦闷与愁绪,像秋风中的落叶,漂泊无定,颠沛流离。全词纯用赋体,叙写作者一整天的愁苦心情。开端三句总起,连用七个叠词,却分三个层次:先写晨起若有所失,似有所觅,继写觅之不得,反而感受到周围环境的清冷孤寂,最后方托出内心深处的凄惨悲戚,三句十四字已以愁苦之情笼罩全篇。以下分六层写心情之悲伤:“乍暖”两句为第一层，写秋天气候冷暖不定，令人难以将养自安；“三杯”两句为第二层，言借酒驱寒而晚风逼人，难以忍受；“雁过”两句则写南来秋雁勾起北人故国之思，乃第三层；下片不另起意，以“满地”两句为第四层，写自己因忧伤而憔悴，以至懒摘黄花；“守着”两句为第五层，言因孤寂而愈觉日长难度；“梧桐”两句则写雨滴梧桐助人凄凉，为第六层。结拍“这次第，怎一个愁字了得”，归结以上六层，言己情怀纷茫可伤，非一“愁”字所能概括，而又不言“愁”外更有何物，戛然而止。本词在语言上的成就历来为词论家所赞赏。全篇连用九组叠词自然而无雕琢痕迹。词论家评为“用字奇横”“情景婉绝，真是绝唱”“公孙大娘舞剑器手”。

[注释]

①选自张惠言《词选》。②乍：突然。乍暖还寒时候：指气候忽冷忽暖；或解作晨起朝阳初升，犹觉暖和，而秋阴复起，又有寒意。将息：唐宋时方言，意为将养、休养。③晚来：各本多作“晚来”，其实本词所写为一整天的事，应以“晓来”为是。④憔悴损：既指人因憔悴而瘦损，又指菊花萎损，故人无闲情采摘黄花，黄花亦残而不堪摘取。⑤“守着窗儿独自”句：张惠言《词选》“独自从上句”，他本均以“独自”入下句。此乃倒装句法，犹言独自守着窗儿。⑥这次第：犹言这情形、这光景。

满江红

写怀

岳　飞

怒发冲冠，凭栏处、潇潇雨歇。抬望眼，仰天长啸①，壮怀激烈。三十功名尘与土，八千里路云和月②。莫等闲、白了少年头，空悲切。　　靖康耻，犹未雪③；臣子恨，何时灭？驾长车，踏破贺兰山缺④。壮志饥餐胡虏肉，笑谈渴饮匈奴血⑤。等从头、收拾旧山河，朝天阙⑥。

[作者介绍]

岳飞(1103—1141)，字鹏举，相州汤阴(今河南汤阴)人。南宋著名将领。历任荆湖东路安抚都总、河南北诸路招讨使等职，屡败金兵，战功卓著。因坚持抗敌、反对议和，被丞相秦桧陷害。死后谥武穆。其文学作品虽不多，但都是充满爱国主义精神的佳作。有后人编辑的《岳武穆集》。

[题解]

这是一首激励人们爱国主义热情，传颂千古的名作。全词语言铿锵高亢，雄劲悲壮，情绪激越豪放，正气凛然，表现了作者抗金救宋的坚定意志、必胜的信心和大无畏的英雄气概。

[注释]

①长啸(xiào)：古人用长啸来抒发抑郁不平的心情。②“三十”两句意为，我年已三十，所建功名，如尘土一样微不足道，为了收复国土，披星戴月，南征北战。③靖康耻：宋钦宗靖康元年(1126)金兵攻陷汴梁，掳走徽宗和钦宗两个皇帝之国耻。④长车：战车。贺兰山：在今宁夏回族自治区和内蒙古自治区交界处。这里指金人所在地。缺，指山口。⑤胡虏：对敌人的蔑称。匈奴：我国北方古代民族，此处指金兵。⑥朝天阙：朝见皇帝。天阙：指皇帝住的宫殿。

钗头凤

陆 游

红酥手[1]，黄縢酒[2]，满城春色宫墙柳[3]。东风恶[4]，欢情薄[5]，一怀愁绪，几年离索。错，错，错！　　春如旧，人空瘦[6]，泪痕红浥鲛绡透[7]。桃花落，闲池阁[8]，山盟虽在，锦书难托[9]。莫，莫，莫[10]！

[作者介绍]

参见本书第 138 页“作者介绍”。

[题解]

这是陆游以自己爱情悲剧为题材而作的一首词。陆游二十岁时娶表妹唐琬为妻，婚后感情甚笃。但其母不喜唐琬，终被迫休离。后陆游续娶王氏，唐改嫁赵士程。十年后的一个春日，陆游独游沈园与唐琬邂逅。唐以酒肴款待，陆伤感万分，随即提笔在园壁上题了这首词，深表对旧情的追怀。唐婉读此词后百感交集，含泪和词一首(附后)，不久郁郁成疾，含恨而死。此词通过叙写往昔爱情生活的美满和被迫离异后的愁苦悔恨以及重逢后的无限感慨，抒发了词人的凄楚心情。全词运用比喻、对比和前后照应等手法，使内容和形式完美结合，写来缠绵悱恻，情真意切，感人至深。尤其是上、下片末各用了三个叠词“错，错，错”“莫，莫，莫”，直抒胸臆，一泻无余。这一爱情悲剧，历来为剧作家们所青睐，编写成多种传奇、杂剧，有诸多剧种编演过这一剧目，到了家喻户晓的地步。

[注释]

①红酥手：红润而柔软的手。②黄縢（téng）酒：即黄封酒，以黄纸封口的官酿酒。③宫墙柳：指沈氏园内一片嫩绿的柳树。④东风恶：喻美满婚姻遭母亲破坏。⑤欢情薄：指欢情短暂。⑥空：白白地。⑦浥（yì）：沾湿。鲛绡，原指神话中鲛人（一种美人鱼）所织的绡，后泛指丝绸手帕。全句意为：为胭脂染红的泪水沾透了手帕。⑧闲池阁：指池阁清闲冷落。⑨锦书：书信的美称。此指表达爱情的书信。⑩莫，莫，莫：意思是罢，罢，罢。一种表示绝望的感情。

附：唐婉词

世情薄，人情恶，雨送黄昏花易落。晓风干，泪痕残，欲笺心事，独语斜阑。难，难，难！　　人成各，今非昨，病魂常似秋千索。角声寒，夜阑珊，怕人寻问，咽泪装欢。瞒，瞒，瞒！

卜算子

咏梅

陆　游

驿外断桥边，寂寞开无主①。已是黄昏独自愁，更著风和雨②。　　无意苦争春③，一任群芳妒④。零落成泥碾作尘⑤，只有香如故。

[题解]

此词系作者晚年的作品。歌咏对象是梅花而旨在言志，即以梅花自喻，通过对梅花高傲品格的描绘，表达了自己的坚贞意志和高洁情操。咏物词通常采用比拟和象征的手法托物言志。这首词以梅花开在“断桥边”无人过问的寂寞孤独来比拟自己一生被弃置林下而无所作为的坎坷境遇；以梅花被“风和雨”侵袭和遭到“群芳妒”的厄运来比拟自己一生屡遭投降派排斥的遭遇；以梅花“已是黄昏独自愁”来象征自己人到暮年而仍报国无门的愁苦心情；以梅花虽被“碾作尘”却仍“香如故”的特性来象征自己至死不渝的铮铮铁骨和孤芳自赏的高傲节操。

[注释]

①无主：没有主人，指无人过问。②著(zhuó)：这里有遭受的意思。③苦争春：有独占一枝春的意思。④一任：任凭。一：助词，加强语气。群芳：百花。全句意为：听凭群花的嫉妒。⑤这句意为：梅花经风吹雨打凋落到泥地被压碎为尘埃。

诉衷情

陆 游

当年万里觅封侯①，匹马戍梁州②。关河梦断何处③，尘暗旧貂裘④。胡未灭⑤，鬓先秋⑥，泪空流。此生谁料，心在天山⑦，身老沧洲⑧。

[题解]

这是作者晚年闲居家乡山阴时的作品。通过对当年在南郑时戎马生涯的追忆，抒发了壮志未遂的愤慨。字里行间洋溢着力图恢复失地的雄心壮志。上阕开篇暗用班超的典故，追思当年，词人也像班超那样，志在为国建立功业。“关河”句一转，回到现今，写出了因长期黜居而报国无门的郁郁情怀。下阕突出“身”和“心”的矛盾，再一次倾诉了壮志难酬的衷情。由于词人的一片丹心始终得不到为国报效的机会，他常常感到压抑，感到愤慨，这种感情就直接渗透在他的作品之中——常常在激昂的声调中又鸣响着悲怆的音符。而这，也正是陆游词作所具有的时代特色。

[注释]

①觅封侯：寻找为国建功立业以求取封侯的机会。这里用了东汉班超投笔从戎的典故。班超弃文赴西域立了大功，被封为定远侯。②戍(shù)：防守。梁州：今陕西南郑一带。③关河：关塞、河防。此指边疆。这句意为：一梦醒来，无处重寻边塞景物，当年的军旅生活已经一去不返了。④这句意为：当年军旅中所穿的貂裘上积满灰尘，已陈旧了。⑤胡：此指占领中原的金人。⑥鬓先秋：指两鬓白发已如秋霜。⑦天山：今新疆境内，此借指抗金前线。词人于此暗用薛仁贵三箭定天山之典。⑧身老沧洲：沧洲，滨水之地。此指陆游晚年闲居在绍兴镜湖边。

青玉案

元夕①

辛弃疾

东风夜放花千树②，更吹落，星如雨③。宝马雕车香满路。凤箫声动，玉壶光转④，一夜鱼龙舞。　蛾儿雪柳黄金缕⑤，笑语盈盈暗香去。众里寻他千百度，回头蓦见⑥，那人正在，灯火阑珊处⑦。

[作者介绍]

辛弃疾(1140—1207)，字幼安，号稼轩，历城(今山东济南)人。少年时曾聚众二千参加耿京的抗金起义军。失败后，南归。历任提点江西刑狱、湖北转运副使、知潭州兼湖南安抚使、知隆兴府兼江西安抚使。四十三岁起，落职闲居信州上饶。晚年又被起用，先后知绍兴府兼浙东安抚使、知镇江府。辛弃疾是南宋伟大的爱国词人，满腔悲愤，无处发泄，全寄之于词。所作题材广阔，气势纵横，不为格律所拘束。善于陶铸经史诗文，一如己出，亦长于白描。词以豪放为主。词集有《稼轩长短句》。

[题解]

此词为我们展现了一幅民俗风情画卷。南渡之后，杭州的元宵节比北宋汴京更为迷人；在这炽热的氛围中，词人却着重勾描了一位不慕繁华的佳人，衬托出不易说清的悲哀；这正表现了“自怜幽独，伤心人别有怀抱”(《艺蘅馆词选》丙卷)。

[注释]

①选自《稼轩长短句》。②花千树：《朝野佥载》卷三：唐先天二年正月十五，“燃五万盏灯，簇之如花树”。苏味道《观灯》：“火树银花合。”③星：喻灯。《梦粱录·元宵》：诸营班院“各以竹竿出灯毬于半空，远睹若飞星”。④玉壶：喻月。朱华《海上生明月》：“轮抱玉壶清。”光转：普照之意。⑤“蛾儿”句：指插戴元宵饰物的妇女。《武林旧事·元夕》：“元夕节物，妇女皆戴珠翠、闹蛾、玉梅、雪柳……”⑥回头蓦见：一般作“蓦然回首”。蓦：突然。⑦阑珊：稀落。

西江月

夜行黄沙道中①

辛弃疾

明月别枝惊鹊，清风半夜鸣蝉。稻花香里说丰年②，听取蛙声一片。　　七八个星天外，两三点雨山前③。旧时茅店社林边，路转溪桥忽见。

［题解］

在夜行途中，蛙声聒耳，稻花送春，以“稼轩”自号的词人感受到丰收即将来临的欣喜。下片视角由下而上，转向天空：星光黯淡，疏雨偶滴，正担心被淋之际，溪桥路转，茅店忽现，用轻灵而跳跃的笔触，描摹微惊后旧地重临得以聊避风雨的喜悦。

［注释］

①选自《稼轩长短句》。黄沙：岭名。在江西上饶西。辛弃疾曾在上饶隐居。②稻花香：皮日休《崦里》：“风吹稻花香。”③“七八”两句：卢延让《松门寺》：“两三条电欲为雨，七八个星犹在天。”语本此。

丑奴儿

书博山道中壁[①]

辛弃疾

少年不识愁滋味，爱上层楼。爱上层楼，为赋新词强说愁。　　而今识尽愁滋味，欲说还休。欲说还休，却道天凉好个秋。

[题解]

以民谣惯用的复沓形式，前后映照，集中表现了词人今昔对“愁”的不同感受。结句以淡语出之，于流走中仍可见出此老的倔强意志。句中“秋”字暗绾“愁”字，烈士暮年之感隐约可见。

[注释]

①选自《稼轩长短句》。博山：在今江西广丰县西南。

扬州慢[①]

姜　夔

淳熙丙申至日②，予过维扬③。夜雪初霁，荠麦弥望④。入其城，则四顾萧条，寒水自碧。暮色渐起，戍角悲吟⑤。予怀怆然，感慨今昔，因自度此曲。千岩老人以为有《黍离》之悲也⑥。

淮左名都⑦，竹西佳处⑧，解鞍少驻初程⑨。过春风十里⑩，尽荠麦青青。自胡马窥江去后⑪，废池乔木，犹厌言兵⑫。渐黄昏，清角吹寒⑬，都在空城。
杜郎俊赏⑭，算而今，重到须惊。纵豆蔻词工，青楼梦好，难赋深情⑮。二十四桥仍在⑯，波心荡、冷月无声。念桥边红药，年年知为谁生⑰！

[作者介绍]

姜夔（约1155—1221），字尧章，号白石道人，饶州鄱阳（江西波阳）人。一生未仕，往来鄂、赣、皖、苏间，多与官僚、文人相过从。工诗善书，尤以词称，精通音律，能自制词调，集中有“自度曲”二卷，共十二首，并存有自注的工尺旁谱，包括前者共十七首，这是今存唯一的宋代词乐文献。其词风清空峭拔。有《白石道人诗集》《白石道人歌曲》《白石诗说》等。

[题解]

姜夔早年随父客居汉阳。淳熙三年（1176）冬，二十二岁的词人沿江东下，过扬州作此词。扬州是江淮名都，但在宋金战争中遭到严重破坏。词中所写劫后扬州的疮痍满目，正寄托了他的丧乱忧患之感。但他并未去铺叙破败的景物，只是通过对景物的点染，着力营造悲剧的氛围。下片更是运用虚拟手法，悬想古人之“重到须惊”。这种侧笔虚写是要令人从其清冷空寂的意境中体味到强烈的今昔之慨。张炎《词源》称：“词要清空，不宜质实。”白石此词足以当之。

[注释]

①选自《白石道人歌曲》。②至日：冬至日。③维扬：扬州。④荠麦弥望：满眼都是荠菜和麦子。⑤戍角：守兵所吹的号角。⑥千岩老人：萧德藻，字东夫，号千岩居士。姜夔曾从其学诗，萧将侄女嫁姜夔。黍离：《诗经·王风》中的篇名，

写东周大夫路过西周故都镐京，见故宫长满了禾黍，悲悼周室之衰。⑦淮左：扬州在淮水东，属淮南东路，故称“淮左”。⑧竹西：杜牧《题扬州禅智寺》：“谁知竹西路，歌吹是扬州。”原先只是泛说。后来扬州北门外有竹西亭，盖以杜牧诗句命名，并作为地名用。⑨少驻：稍事停留。初程：初到扬州的旅程。⑩春风十里：扬州道上。杜牧《赠别》：“春风十里扬州路。”隐含扬州昔日的繁华。⑪胡马窥江：指金兵南犯。宋高宗年间，金人两次大举南侵。建炎三年(1129)，金兵占扬州，焚掠一空。绍兴三十一年(1161)，金主完颜亮再犯扬州。⑫“废池”两句：连废池和大树都憎厌谈起战争。⑬清角：声调凄凉的号角。⑭杜郎：即杜牧。俊赏：风流倜傥，才情卓异。⑮“纵豆”三句：纵然有杜牧的诗才，也难以抒发这悲怆的深情。杜牧《赠别》诗有“豆蔻梢头二月初”，《遣怀》诗有“十年一觉扬州梦，赢得青楼薄幸名”，二诗均是题咏扬州的名篇。“豆蔻词”“青楼梦”兼指扬州往日之盛，隐寓对比。⑯二十四桥：杜牧《寄扬州韩绰判官》：“二十四桥明月夜，玉人何处教吹箫？”扬州有二十四座桥，至北宋已不全存。词人所言并非纪实，只是泛指扬州之桥。一说“二十四桥”为一桥之专名。⑰红药：芍药花。扬州以盛产芍药著称。此二句意为：芍药虽盛开却无人欣赏，花又为谁而生？

天净沙

秋思

马致远

枯藤老树昏鸦①，小桥流水人家，古道西风瘦马②。夕阳西下，断肠人在天涯③。

[作者介绍]

马致远(生卒年不详),号东篱,大都(今北京市)人,元代著名的戏曲家和散曲家。曾任江浙行省的官吏。散曲有辑本《东篱乐府》,这首《天净沙》就是其中很有名的一篇。

[题解]

天净沙:散曲曲牌名。散曲是元代非常盛行的一种新诗体,有小令和套数两种形式。小令由一支曲子组成,每首句子多长短不齐,跟词很相近。套数是由两支以上同一宫调的曲子组成的组曲。这首天净沙是小令,为历代读者所称颂,可谓千古绝唱。前四句是写景,构成一幅秋郊夕照旅行图。最后一句"断肠人在天涯"是全诗的主旨,抒发了诗人羁旅、落魄的深深哀愁。这首散曲语言精练,景物形象鲜明,达到了情景交融的艺术效果。

[注释]

①昏鸦:黄昏时的乌鸦。②古道:荒凉的道路。③断肠:形容极度悲哀。

摸鱼儿①

元好问

乙丑岁②,赴试并州③,道逢捕雁者云:"今旦获一雁,杀之矣。其脱网者悲鸣不能去,竟自投于地而死。"予因买得之,葬之汾水之上,累石为识④,号曰"雁丘"。时同行者多为赋诗,予亦有《雁丘辞》。旧所作无宫商⑤,今改定之。

问世间,情是何物,直教生死相许⑥?天南地北双飞客,老翅几回寒暑⑦。

欢乐趣，离别苦，就中更有痴儿女⑧。君应有语⑨：渺万里层云，千山暮雪，只影向谁去？

横汾路，寂寞当年箫鼓，荒烟依旧平楚⑩。招魂楚些何嗟及⑪，山鬼暗啼风雨⑫。天也妒，未信与⑬？莺儿燕子俱黄土⑭。千秋万古，为留待骚人，狂歌痛饮，来访雁丘处⑮。

［作者介绍］

元好问（1190—1257），字裕之，太原秀容（今山西忻县）人。曾在遗山（今山西定襄县东北）读书，因自号遗山山人，世称元遗山。七岁能诗，从郝天挺学，金宣宗兴定五年（1221）进士。历任县令，入朝为左司都事，转行尚书省左司员外郎。金亡，不仕，致力于编纂故国文献，辑有《中州集》《中州乐府》，金人诗词多赖以传。各体文学皆工，诗尤杰出，慷慨悲凉，意境雄阔，其记述国破家亡之诗堪称诗史实录，词风沉郁近苏辛。为金元之际北方文坛之宗主，有《遗山集》。

［题解］

触景伤情、托物寓意，这是古来文人词客的传统抒情手法。元氏此词因睹雁之殉情而作，设想双雁平日天南地北，比翼齐飞，一旦失去伴侣，存者则形单影只，终以一死相随。后半由咏雁转为吊雁，以今日之萧条凄冷烘托雁亡之悲，以莺燕之死的无足道反衬殉情之雁的千古流芳。词人融合咏物、抒情、议论、写景等多种手法，突出了“生死相许”的人间至情的主题，它是对坚贞专一的爱情的礼赞，扩而大之，也是对人间忠贞不渝情操的讴歌。元代郝经称元氏“乐章之雅丽，情致之幽怨，足以追稼轩”（《祭遗山先生文》）。此词之托物比兴，感慨沉郁，婉转幽怨，确有辛词遗响。

［注释］

①选自《历代诗余》。序据《全金元词》补。词牌一作《迈陂塘》，乃《摸鱼儿》

之名。②乙丑岁：金章宗完颜璟泰和五年(1205)。③并州：太原府(今属山西)。④识(zhì)：通“志”，标志，记号。⑤宫商：古代乐律中的五音之二。无宫商，指不能合乐歌唱。⑥“问世”两句：试问人世间的“情”究竟是怎样一种东西，居然能让人为它献出生命？⑦双飞客：成双作对的大雁。上句言飞越地域之广，下句写共度的岁月之久。⑧就中：其中。痴儿女：指为失去伴侣而殉情的大雁，犹如人世间的痴情男女。⑨君：指殉情的雁。此处设想雁的内心独白。⑩横：渡过。汉武帝行幸河东，祀汾阴后土(今山西万荣西南)，作《秋风辞》：“泛楼船兮济汾河，横中流兮扬素波。箫鼓鸣兮发棹歌，欢乐极兮哀情多。”这里是说：大雁当年翱翔的汾河流域，曾经有过箫鼓齐鸣的热闹景象，如今却是一片凄凉冷落了。“寂寞”句犹言：当年箫鼓已寂寞。平楚：平林、远树，丛木叫楚。⑪招魂楚些：指《楚辞》中的《招魂》，旧说以为宋玉所作：“宋玉怜哀屈原，忠而斥弃，愁懑山泽，魂魄放佚，厥命将落，故作《招魂》。”(王逸叙)篇中多以“些”字收尾，故称“楚些”。何嗟及：即“嗟何及”之倒文，感叹雁魂之不可招。⑫《楚辞·九歌·山鬼》有句云：“雷填填兮雨冥冥，猿啾啾兮又夜鸣。风飒飒兮木萧萧，思公子兮徒离忧。”此以山鬼的哀啼形容死者的悲苦。⑬“天也”两句：雁之殉情，高义震世，令上天也生嫉妒。与：通“欤”，疑问语气词。此犹言难道不可信吗？⑭“莺儿”句：莺燕死后埋于黄土，无人过问。⑮这四句说：殉情之雁千古留芳，文人词客都要来到雁葬处凭吊。

虞美人[①]

浙江舟中作[②]

赵孟頫

潮生潮落何时了[③]？断送行人老。消沉万古意无穷，尽在长空、澹澹鸟飞中④。　海门几点青山小。望极烟波渺。何当驾我以长风⑤，便欲乘桴、浮到日华东⑥。

[作者介绍]

赵孟頫(1254—1322)，字子昂，号松雪道人，湖州(今属浙江)人。宋宗室。入元后以"遗逸"见招，官至翰林学士承旨，封魏国公，谥文敏。博学多才，精于书画音乐、古器鉴定，书法成就最高。诗风清逸，词亦清淡有风致。有《松雪斋文集》《松雪词》。

[题解]

词写行舟江中的所见及所感。潮生潮落象征着大自然周而复始的运行，而尘世的变迁却湮没于这广漠的时空中了。面对烟波浩渺的苍茫之景，词人萌生了飘浮海外的愿望，但以"何当"一问出之，又透露出身不由己的苦闷。由宗室而沦为遗民，其黍离麦秀之慨是不言而喻的。而这一切又是浸润于一种清淡悠远的意境中的，故有低回要眇之致，足使人含味无穷。

[注释]

①选自《全金元词》。②浙江：即钱塘江。③化用李煜《虞美人》发端："春花秋月何时了?"④化用杜牧《登乐游原》诗意境："长空澹澹孤鸟没，万古销沉向北中。看取汉家何事业? 五陵无树起秋风。"此以飞鸟隐没于天边喻历史陈迹的消亡。前人多以飞鸟喻人生世事的变迁。此两句也隐含凭吊故国之意，其舟行钱塘故地也正如杜牧之面对先朝陵墓。⑤何当：何时。南朝宋宗悫在少年时曾表示过"愿乘长风破万里浪"的志向(《宋书》本传)。⑥《论语·公冶长》载孔子语曰："道不行，乘桴(竹木编成的小筏)浮于海。"日华：太阳。

一剪梅[①]

唐 寅

雨打梨花深闭门[②]，忘了青春，误了青春。赏心乐事共谁论？花下销魂，月下销魂[③]。　　愁聚眉峰尽日颦，千点啼痕，万点啼痕。晓看天色暮看云[④]，行也思君，坐也思君。

［作者介绍］

唐寅(1470—1522)，字伯虎，一字子畏，号六如。江苏吴县人。弘治十年(1497)解元，次年会试罹科场案下狱，谪为吏，遂弃科举不为，佯狂纵酒，放浪形骸以终。工书画，为“明四家”之一，与祝允明、文征明、徐祯卿合称“吴中四才子”。诗以纯情倩丽胜，词亦清婉富韵味。著有《六如居士集》，后人又编为《唐伯虎全集》。

［题解］

这是一阕别有韵致的闺怨之作。其佳处不仅在词句流丽清圆，音调谐畅，更在于意味深沉。恋人相别或相思各处一方，空间的阻隔感最灼人心魂。空间，既无情地拉开了相恋者的距离，又残酷地空耗着相思者一方或双方的年华。时间在空间中流逝，空间的凝滞不缩短，尤加速了时光的消失。唐寅此词巧妙地倾诉着这种在时空折磨中的痛苦，上、下阕交叉互补地道尽了时间与空间互为因果的残酷性全落到了一个痴心女子的心头。

[注释]

①选自《唐伯虎全集》。②此句借用宋代词人李重元《忆王孙·春词》成句。雨打梨花:春将去之意象。③销魂:黯然伤神。花下、月下谓无时无处。④此句谓日盼夜想,朝夕相思。看,此处系无意义、无意识举止,是一种心绪的外观行为。

临江仙①

杨 慎

滚滚长江东逝水,浪花淘尽英雄②。是非成败转头空。青山依旧在,几度夕阳红。　　白发渔樵江渚上,惯看秋月春风。一壶浊酒喜相逢。古今多少事,都付笑谈中。

[作者介绍]

杨慎(1488—1559),字用修,号升庵,四川新都人。正德六年(1511)进士第一,授修撰,迁经筵讲官。世宗嘉靖三年(1524),以"大礼议"直谏忤旨,谪戍云南永昌,羁管三十余年。天启间追谥文宪。升庵广闻博识,在云南三十余年著述不断。《明史》称其著作之富为明代第一。后人辑有《升庵集》。另有《丹铅余录》《诗话补遗》《词林万选》等多种,于学术、诗、文、词、曲、戏剧诸方面均取得卓著成就。其词典雅清丽,对明代词风的转变有一定影响。

[题解]

这首词脍炙人口,流传极广。这虽是杨慎《二十一史弹词》中说秦汉一章的开场词,却说尽了历代兴亡,寄托了人生感慨,可以说是以词写的史论,也是以词写的人生论。千古风流人物，无论是非成败，一样在历史的长河中被淘尽。唯有青山绿水，永恒存在。词人作为首辅之子、一代状元，何其盛！然一朝得罪，老死南荒，又何其衰！本篇虚中见实，未涉及任何具体的历史事件、人物，却包罗一切，容量极大。

[注释]

①选自《杨慎词曲集》。②浪花淘尽英雄：英雄人物在历史长河的冲刷中消失。苏轼《念奴娇》："大江东去，浪淘尽、千古风流人物。"词意即此。

长相思①

纳兰性德

山一程②，水一程，身向榆关那畔行③。夜深千帐灯。　　风一更，雪一更。聒碎乡心梦不成④。故园无此声。

[作者介绍]

纳兰性德(1655—1685)，原名成德，字容若，号楞伽山人，满洲正黄旗人。大学士明珠之长子。康熙十五年(1676)进士，官一等侍卫。其词凄清婉丽，蕴藉自然。小令崇尚李煜，为清一代之冠。长调至情融况，聚凄婉豪宕于一身。著有《通志堂集》，词集有《侧帽词》，后更名《饮水词》。

[题解]

这首词写于康熙二十一年(1682)三月，作者扈从康熙帝玄烨祭祀长白山的途中。上片写行军与宿营，下片写思乡之情。"夜深千帐灯"一句被王国维誉为

“千古壮观”(《人间词话》)。在那风雪交加的黑夜里，旷野上千盏露宿灯火，透过座座帐篷熠熠发光，可谓雄浑壮阔。而此种境界，更显得作者的孤寂与悲凉。

[注释]

①选自《饮水词》。②一程：一站。③榆关：即山海关。那畔：那边，指关外。④聒(guō)：喧扰，嘈杂，指风雪的吵闹声。

青玉案

宦况[1]

郑 燮

十年盖破黄䌷被[2]，尽历遍、官滋味。雨过槐厅天似水[3]，正宜泼茗[4]，正宜开酿[5]，又是文书累。　　坐曹一片吆呼碎[6]，衙子催人妆傀儡，束吏平情然也未[7]？酒阑烛跋[8]，漏寒风起，多少雄心退。

[作者介绍]

参见本书第150页“作者介绍”。

[题解]

郑板桥于乾隆七年(1742)起任山东范县、潍县县令，至十八年(1753)为请赈得罪大吏而罢官，服官十一年。这首《青玉案·宦况》词，即为抒写其居官期间感受的作品。上片写作官十年，尝够了“官”的滋味。每当坐下来想好好品茗、饮酒之时，往往“又是文书累”，无法领略到人世间连平民百姓都可以尽情享受的这种乐趣。下片写在衙门办公的情况。“坐曹一片吆呼碎，衙子催人妆傀儡”两句，正是这种情况淋漓尽致的写照。结尾三句感叹十年宦海生涯反而使原有的雄心壮志消磨殆尽。全词流畅明快，亦庄亦谐，有一种“怨而怒”的沉痛感。

［注释］

①选自《板桥词钞》。宦况：居官的景况。②郑燮为官十年，是个约数。③“雨过”句：雨停了，坐在院子里栽有槐树的厅堂中，天空明净如洗。④泼茗：倒茶。⑤开酿：指开坛饮酒。⑥坐曹：旧时官吏在衙门办公叫坐曹。吆呼：高声呼叫。此指衙役们的呼叫。⑦“束吏”句：被官位捆绑住手脚、专门平息民情的官吏，是不是就应该像这样呢？⑧酒阑：酒喝完了。烛跋：蜡烛的末梢。此指蜡烛将要烧完。

附录

高一诵读篇目(80首)

*蒹葭　*国殇　大风歌　垓下歌　江南　长歌行　迢迢牵牛星　龟虽寿　*咏怀诗　*西洲曲　入若耶溪　木兰诗　敕勒歌　*在狱咏蝉　送杜少府之任蜀州　*代悲白头翁　渡汉江　咏柳　回乡偶书　凉州词(黄河远上白云间)　登鹳雀楼　春晓　从军行(其四)　出塞(秦时明月汉时关)　使至塞上　辋川集·鹿柴　送元二使安西　黄鹤楼送孟浩然之广陵　秋浦歌　赠汪伦　早发白帝城　静夜思　望庐山瀑布　别董大　旅夜书怀　江南逢李龟年　枫桥夜泊　春怨　滁州西涧　游子吟　*早春呈水部张十八员外　题破山寺后禅院　逢雪宿芙蓉山主人　竹枝词(杨柳青青江水平)　乌衣巷　赋得古原草送别　悯农　江南寻隐者不遇　*闺意献张水部　山行　清明　夜雨寄北　乐游原　泊船瓜洲　题西林壁　夏日绝句　临安春雨初霁　四时田园杂兴(其一)　春日　游园不值　题临安邸　天净沙(枯藤老树昏鸦)　石灰吟　渔歌子(西塞山前白鹭飞)　忆江南(江南好)　*忆江南(花非花)　梦江南(梳洗罢)　浣溪沙(一曲新词酒一杯)　生查子(去年元夜时)　江城子(老夫聊发少年狂)　水调歌头(明月几时有)　蝶恋花(花褪残红青杏小)　清平乐(春归何处)　*少年游(并刀如水)　如梦令(昨夜雨疏风骤)　渔家傲(天接云涛连晓雾)　一剪梅(红藕香残玉簟秋)　卜算子(驿外断桥边)　丑奴儿(少年不识愁滋味)

高二诵读篇目(80首)

君子于役　*陌上桑　*古歌(秋风萧萧愁杀人)　蒿里行　白马篇　*咏史　移居　*晚登三山还望京邑　蝉　凉州词(葡萄美酒夜光杯)　次北固山下

*春江花月夜　感遇　望月怀远　临洞庭湖赠张丞相　过故人庄　芙蓉楼送辛渐　终南山　山居秋暝　九月九日忆山东兄弟　行路难　将进酒　宣州谢朓楼饯别校书叔云　月下独酌　子夜吴歌　黄鹤楼　望岳　登高　春夜喜雨　闻官军收河南河北　白雪歌送武判官归京　逢入京使　寒食　淮上喜会梁州故人　题都城南庄　野老歌　石头城　卖炭翁　钱塘湖春行　行宫　闻乐天授江州司马　题李凝幽居　咸阳城　东楼　*雁门太守行　江南春　锦瑟　淮上与友人别　早梅　示张寺丞王校勘　惠崇春江晚景　游山西村　十一月四日风雨大作　观书有感　约客　别云间　竹石　论诗　己亥杂诗　忆秦娥　菩萨蛮(小山重叠金明灭)　菩萨蛮(人人尽说江南好)　虞美人(春花秋月何时了)　*相见欢(林花谢了春红)　相见欢(无言独上西楼)　雨霖铃(寒蝉凄切)　渔家傲(塞下秋来风景异)　临江仙(梦后楼台高锁)　江城子(十年生死两茫茫)　鹊桥仙(纤云弄巧)　踏莎行(雾失楼台)　横塘路(凌波不过横塘路)　醉花阴(薄雾浓云愁永昼)　*诉衷情(当年万里觅封侯)　*青玉案(东风夜放花千树)　西江月(明月别枝惊鹊)　扬州慢(淮左名都)　虞美人(潮生潮落何时了)　临江仙(滚滚长江东逝水)　青玉案(十年盖破黄绸被)　*长相思(山一程)

高三诵读篇目(40首)

关雎　上邪　*离骚　短歌行　*七哀诗　*燕歌行　*登池上楼　*代出自蓟北门行　登幽州台歌　闺怨　渭川田家　观猎　相思　蜀道难　兵车行　登科后　*羽林行　酬乐天扬州初逢席上见赠　再游玄都观　离思　剑客　*李凭箜篌引　过华清宫　无题(相见时难别亦难)　山园小梅　饮湖上初晴后雨　示儿　过零丁洋　浪淘沙(窗外雨潺潺)　谒金门(风乍起)　凤栖梧(伫倚危楼风细细)　*苏幕遮(怀旧)　蝶恋花(槛菊愁烟兰泣露)　蝶恋花(庭院深深深几许)　水龙吟(似花还似非花)　声声慢(寻寻觅觅)　满江红(怒发冲冠)　钗头凤(红酥手)　*摸鱼儿(问世间)　*一剪梅(雨打梨花深闭门)

注:篇目前标有*的是兴趣诵读篇目,其余的为基础诵读篇目。